D1665700

Karl Imhof

SPRECHSTÜCKE

1989 - 1996

D.P. Druck- und Publikations GmbH, München

Impressum:

ISBN 3 88779 007 3
copyright: Karl Imhof
Fotos: Monika Imhof 5, 6; Hans Olofson 107.
Lektorat: Philipp Imhof
Herstellung u. Verlag: D.P. Druck- und Publikations GmbH
München, 1998.

In Zusammenarbeit mit
PLANTSÜDEN
82398 Polling.

Philipp Imhof, Karl Imhof, Ingrid Imhof,
Ekkeland Götze, Hans 0lofson interpretieren
das Sprechstück "Dänische Hochseefischeraktion belgische im reibungslosen Straßenverkehr" 1995.

Ingrid Imhof, Karl Imhof, Ekkeland Götze
bei der Uraufführung des Sprechstückes
"Ei" 1995.

INHALT

VORWORT

Karl Imhof ist Maler, seine Sprechstücke sind Textcollagen. Das erste Stück wurde
1989 uraufgeführt. Seitdem ist Karl Imhof mit seinen Sprechstücken unterwegs, die er
ganz auf die Sprache bezogen inszeniert.
Erstmals sind in diesem Buch sämtliche Sprechstücke von 1989 bis 1996 in gedruckter
Form versammelt. Karl Imhof hat die Texte mit 16 Offsetlithografien ergänzt.

Johann Ruisinger

Dank an Ekkeland Götze, Rupert Hagn, Ingrid u. Philipp Imhof, Regine Kugler-Hagn,
Matthias Mücke, Nosch, Hans Olofson, Daniel Schrade, John Scroby, Annette Seidl,
Lynn Wilson.

München, Januar 1998   Karl Imhof

4 STIMMEN MIT KRÜCKEN   1989
LITERATURTEPPICH

PERSONEN: Ekki, Ingrid, Karl, Regine, Rupert

Musik, Wecker

Chor

Wir geboren aus Stein
hart wie Nerven
Tube auf Semmelbrösel
geboren als Nerven
Gummi frisch angesetzt
Wundermedizin erlaubt als Dünger
Gummi als Wasser
Wundermedizin auf Semmelbrösel erlaubt Gummimedizin
wir Nerven geboren in einem Flächenstaat großgezogen mit
Kartoffeln
Tube als Tube / auf als auf / Wasser als Wasser /
Semmelbrösel als Semmelbrösel / Dünger als Dünger /
Stein als Stein / Nerven als Nerven / Lampe als Lampe /
Auto als Auto / Wundernervenbrösel als Wundernerven-
brösel / Gummiwasser als Wassergummi
Haus als Haus
Osten als Osten / Süden als Süden / Westen als Westen /
Norden als Norden /

Ingrid

die Fenster am Knotenpunkt die Jalousien oben alle
da im Nebenzimmer im Gang Bart wächst wie Figur
in der Halle am Sockel doch Architektur macht Bronze
unbedeutend Glas durchdrungen von Licht vom Licht
der Sonne

Rupert

die Rast im Aluknitter weich liegt im Stoff der Stoff es bläht es
gibt mehr / der Zahn er rostet ohne Sauerstoff

Regine

der Tisch ist krumm aber er steht auf dem Boden
das ist der Bürgermeister unerwähnt /
es dauert alles denn Staub bremst die Bewegung im
ung zu ung ob wum oder bum bum / das ist dann
tschibumm / hopfenzupfen / zupft am Hopfen / die
Kartons berührt ich bin Musik ins reine Ohr hinein.

Karl *(spielt Violine)*

Ekki

Die Startlöcher für die nächste Form werden gegraben.
Ganz vorne buddeln Verbände. Getragen von der Horrorzahl
Siebzig-Komma-Achtzig das ist eine Aussage. Die Kernaus-
sage ist die höchste der Welt. Bei einem solchen Rundblick
fällt auf, daß eine Reihe von 42 auf 35 zurückgegangen ist.

Rupert

Dem Kartell droht der endgültige Zusammenbruch.
Umbau ist nicht gleich Abbau / kein Grund zum Klagen.
Es ist in der Tat schwierig, diese Zahlen nun wiederum zu
einer Vergünstigung zu sehen.

Regine	Das ist so / so ist es / ich brauche schwarze / rote / gelbe / blasse / runde /
Ingrid	von wo her hebt / hebte es / das Gestein, daß es rund wurde / Marmor geädert gefleckt wie ein Gesicht / das Gesicht wie Marmor geworden aus Stein / sitzt / und / schaut zum Fenster heraus /
Ekki	ich schau hinein / was seh ich da / die / ja die / die
Chor	wir geboren aus Stein, hart wie Nerven Gummi frisch angesetzt Tube auf Semmelbrösel Wundermedizin erlaubt als Dünger geboren als Nerven Gummi als Wasser Wundermedizin als Semmelbrösel Osten Süden Norden Westen oben / unten / hier / dort /
Rupert	im Namen der Knödel / wo Knödel kochen /
Ingrid	muß es ruhig sein / das Wasser braucht Ruhe /
Ekki	wo ist Folie / am Hang / im Teppich Schnorchel
Regine	ätzend / kein Gang mit Plattfuß auf allen Böden
Ekki	ein Engel schwebt / da nicht wo ist / rumpel
Ingrid	dann ja / dann im Weckglas / da im Käfig
Rupert	aber wichtig wär´ mir jetzt, so daß wenn die Begriffe "Wir geboren aus"... das jetzt ...
Regine	Aber ich sag´ dir´s nochmal, warum willst du das nicht mit der Hand schreiben, Karl?
Rupert	Na, wenn du jetzt, na ... laß mich ausreden, damit du beruhigt bist. Ich denk´ ja immer an den Menschen.
Regine	Ja / ja / ja, gut /
Rupert	und "Wir geboren aus Affen, aus Nudeln, aus Brennspiegel", da schreibst fünf und dann schreibst usw. und dann ist...
Regine	Was heißt usw.?
Rupert	Und so weiter.
Regine	Wie? Wo?

Rupert	Und dann fängst mit dem an: "Wir sehen mehrere Höhen- und Geschwindigkeits-" ...
Regine	Was heißt ...? Wieso soll ich schreiben usw.? Wo soll ich´s schreiben? Wer soll ...?
Rupert	Du sollst drei, vier so Dinger bringen oder fünf so "Wir geboren aus Nudeln / Spraydose / Lenkstange / Buch / Leben / Hochhaus / Glasplatte / Tüte / Kies / Stil / Raumwirklichkeit" / und dann schreibst usw. / dann weiß ich ja, was dann kommt.
Regine	Ja, laß mich mal, gib mal ... Warum soll ich dann schreiben usw. / und das ganze, was is´ mit dem?
Rupert	*8. An der Quelle des Nils.* *Wir wollen nun das Forscherpaar Mildbread-Schubotz auf ihrer denkwürdigen Reise an die sagenhafte Quelle des Nils begleiten, wohin diese Teilexpedition, wie wir wissen, am 12. August von Niansa, Msingas Residenz, aufgebrochen war. Immer höher hinan führte der Pfad, bis schließlich am dritten Marschtage endlich ein Bergsattel erklommen ward, von dem aus die Wasserrinnsale gen Osten zum Nil, gen Westen zum Kongo fließen: Die "Wasserscheide" der beiden größen Flüsse Afrikas war erreicht !*
Chor	Im Osten geht die Sonne auf / im Süden ist ihr Mittagslauf / im Westen will sie untergehen / im Norden ist sie nie zu sehen /
Rupert	*Wem die Begeisterung des Abends noch in der Seele klang, der sollte tags darauf ernüchtert werden; denn die Hiobsbotschaft traf ein, daß eine für uns bestimmte Postkarawane nebst anderen Lasten von der Eingeborenen-Bevölkerung Ruandas ausgeraubt worden war. Da Hauptmann v. Grawert noch abwesend war, mußten die Maßnahmen zur Wiedererlangung vorläufig unterbleiben. Dann aber ging ein energischer Protest an Msinga ab, der schnell das gewünschte Resultat zeitigte. Bald wurden uns die geraubten Gegenstände mit der gesamten aus Europa angekommenen Post wieder zugestellt. Den Rädelsführer des Überfalls aber traf eine harte Strafe. Msinga ließ ihn ergreifen und vor den Augen des Volkes mit einem spitzen Pfahl durchbohren. Noch wochenlang soll der modernde Leib des Räubers von der Macht des Beherrschers Ruandas Zeugnis gegeben haben.*
Ekki	Seitlich eingeklemmt / steckt hinter der Zunge / die Haut der Paprika /
Regine	der Fährmann fährt / über den Fluß / das Ruder in der Hand / halte den Wald sauber / ein Reh scheißt auch nicht in dein Schlafzimmer / dann ging es mit den Gewächshäusern bergab / da hat der Philipp viel Arbeit /

Ekki	aber man wird sich schon darauf einzustellen haben, daß die unbekannten Riesen demnächst auch eine deutlich stärkere Rolle spielen werden
Ingrid	das müssen die Eltern von Josl gewesen sein / oder die Großeltern von Josl gewesen sein / das ist rechtlich / das Recht hat er / der Sohn von Josl war der Urban / wie der Vater von Josl hieß das weiß ich nicht genau / war das der Eberhard und die Marie / eher schon / heute quittierte damite iche ese ine dere Hände habe /
	Musik: Tusch
Regine	Wundermedizin sofort nur noch als Dünger erlaubt / da bäumt sich der Magen auf / was Pudding / das ist ja furchtbar / die Kohlenhydrate / ich sag immer
Rupert	im Osten geht die Sonne auf
Regine	im Süden ist ihr Mittagslauf
Ekki	im Westen will sie untergehen
Ingrid	im Norden ist sie nie zu sehen
Rupert	im Norden ging ein Lehrling mit einem Messer auf seine Eltern und Großeltern los / das Haus
Ekki	wurde von der der Polizei umstellt der Vulkanausbruch in Kamerun ist noch im Nebel /
Ingrid	unser Zustand sei so / daß nicht erst das alles entscheidende und letzte Wort abgewartet werden müsse / wir geboren aus Stein / hart wie im Osten geht die Sonne auf / im Süden ist ihr Mittagslauf / im Westen will sie untergehen / im Norden ist sie nie zu sehen
Chor	aubn aum oum ummen endtn eun ...
Ekki	einlegen im Vorfeld der Drähte
Karl	weil i so bin bin i so so bin i ja so bin i heut na i mag net weil i so bin wenn i net so bin bin i net so aber so bin i.
Ingrid, Regine *(singen und verteilen Blumen)*	Dornröschen saß auf einem Stein und kämmte sich die Haare sie waren jung und golden Röschen saß dort lange Jahre und kämmte sich die Haare.

EINWEGGEBINDE 1990

PERSONEN: Ekki, Ingrid, Karl, Philipp, Regine, Rupert

Ekki, Ingrid, Regine und Rupert sitzen an einem Tisch,
Karl spielt auf der Violine einen langen Ton.
Ein Videorecorder wird eingeschaltet: auf dem Bildschirm
fahren Straßenbahnen von rechts nach links und von links
nach rechts, Originalton.
Die vier Personen stehen auf.

Chor

Überholt die Sache / überholt die frische Sache / Sache frisch überholt / überholt frisch die Sache / eine Glocke bringt der Wind uns zu hören.

Duuuu guuuut / duuuu bist guuuut / guuuut bist duuuu ...

wir gratulieren mit 15 Liter Edelsteinen /
ich gehe und kaufe ein /
die Hunde haben sich verbissen /
ich werde einkaufen / Ich kaufte ein /
ungestreifte Zebras gehen langsam / Schritt für Schritt die Stiege hoch /

überholt die Sache / überholt die frische Sache / Sache frisch überholt / überholt frisch die Sache /

duuuu guuuut / duuuu bist guuuut / guuuut bist duuuu /

beim Müller hat es gebrannt, aber nicht bei mir.

Duuuu guuuut / duuuu bist guuuut / guuuut bist duuuu / duuuu guuuut / duuuu frisch überholt / duuuu eingekaufte Zebras / duuuu gebrannt mit 15 Liter Edelsteinen / duuuu Ablauf / Einlauf / Uumlauf / Auslauf.

Ingrid

Das Haus war groß, aber unübersichtlich. Es war teilweise Baustelle. Der Eingang war der Eingang. Der Parkplatz mußte durch zurückfahren über die Hauptstraße wieder erreicht werden. Innen war es durch Farbgestaltung dämmrig. Arbeitsgeräte, ob brauchbar oder nicht, standen in den Gängen. Orientierung trotz gutem Willen holprig.

Rupert

Still ist es über dem Tal, der Straße, dem Fluß. Grillen zirpen. Hört die Krähen, sie krähen weit von hier.

Ekki

Die Wohnungen sind von der Stadt und voneinander entfernt / i c h / Söldner / schaut / i c h aber werde diesen Ort nicht verlassen / i c h trotz Mühseligigkeit / i c h überlasse mich völlig der Leitung der fuldaischen Schule / i c h komme am Montag.

Chor

bellt

Regine	Das Haus ist von Partisanen umstellt / wir sind glattgepresst / Söldner in groben Maschen / Leder / elastische Rüstung / raus aus dem Lager / jetzt kein Spiel / jetzt du da / es braucht dich /
Chor	Luuuuft Luuuuft Luuuuft Luuuuft Luuuuft
Ingrid	die Polizei erschoß den Hund, der sich in das Fohlen verbissen hatte. Der zweite Hund, der bekam einen Streifschuß. Balken links, rosa, blau, gelb, rot, schwarz
Chor	Runda / Dumda / Batung / Dumm / Bumm / Bumm / Burgunda / Dumda / Bumda / Dumda / Humda / Huba / Uba / Dumdaruba /
Rupert	Söldner, dein Mund ist schmal, deine Worte präzise, ja so präzise, daß jede Schildkröte bei Salatblatt innehält zu fressen, wenn Stimme kommt.
C h o r	Dankeschön, Dankeschön, Dankeschön, Dankeschön, Dankeschön, Dankeschön ...
Ekki	Das große Haus war golden, in der Morgensonne, ein Klotz mit müden Fenstern. Tiefe Schatten an der rechten Seite. 17 Stockwerke, drei Sonnenblenden heruntergelassen, im Schatten kallt. Der Himmel, die Luft, weit raumglasklar, durch die plötzliche südliche Luftströmung mild und angestaubt.
Chor *(mit Gestik)*	Duuuu Muskellümmel / duuuu Bunkerpalette / duuuu Grabplatte / duuuu Riesenwurst / duuuu Golfball / duuuu Einweggebinde / duuuu tanzender Nabel / duuuu einsamer Stengel / duuuu Deckelfaß / duuuu Sonnenaufgang / duuuu Rinnsal / duuuu Winterreifen / duuuu blaue Eichel / duuuu Kartoffelpuffer / duuuu Farn / duuuu Mitgrölveranstaltung / duuuu biologisches Fleisch / duuuu Stelzenakrobatikprogramm / duuuu Redaktionsspecht / duuuu Faschodakonflikt /
Regine	um diese Zeit treibt Lord Kitchener sein Heer zusammen, um den Sudan und Karthum zu erobern.
Chor	W o l l e / macht warm / der Ofen / die Sonne auch / a u c h / Deckel liegt am Boden dreht sich in Wurm ganz leicht /
Ingrid	1898 treffen beide Kolonialmächte zusammen bei Faschoda. Gummifesseln lassen weich drückend das Herz verschwächen. Lang ist die Gestalt der Menschen, wenn sie lang sind. Wie hin? Weitgreifendes, Eigenbau. Hin oder weg, zur runden Laufsohle, neigt den Hals und sagt / Räb ...
Chor	warm wird der Fluß / Hecken mit Schnee bedeckt / weich geht der Schuh am Boden / Fotoapparat /
Philipp	Ein Konflikt? Beginnt ein weltweiter Kolonialkrieg?

Chor

Auch Gieskanne / auch Blumen stehen dort / auch hört / auch sieht / auch das /

Rupert

am Freitag gegen 16 Uhr kam der Bürgermeister und eine Einsatzhundertschaft zu den fünf wildgewordenen Hunden. Die Frau (78), der sind sie über den Kopf gewachsen. Auch eine Ziege wurde gerissen. Ein Hund hing an einem Fohlen, er hatte sich verbissen, ein zweiter an einer Stute. Einer wurde erschossen, der andere bekam einen Streifschuß. Die Besitzerin lockte die drei anderen in das Haus und sperrte sie ein.

Chor

Drrrrruuuuckckck immm Wwwwwwürfellll immmm Ziiiiiiiiiiiiiiiigelllll. Luuuuuufffffffffttttttt. Auch Fotttttttttooooappaaarrrrrrratttt auch amm Feeeeeenssterbretttttttttttt, auch Gieskanne, auch Blumen stehen dort. Auch Blummmmmmenkasteeeeeen stehttttttttttt wie Pppppppiiirrrrrrraaaatttttttttttttt dazwischen.

PERSONEN: Ingrid, Karl, Philipp, Regine, Rupert

Im Hintergrund: Video mit ruhigen Landschaftsaufnahmen.

Regine	In jeder Gattung ist ihre entscheidende Feinfühligkeit / ihre unerschrockene Einsicht / unter anderem in die Ängste / ihr eigenes Besetztsein / ihr Witz / der nahe Schrecken / von einzigartiger Intensität / Stärke / Eindringlichkeit / finster und hoffnungsvoll / eine Braut im weißen Gewand / eine Prozession das Bild /
Karl	er nahm die Schrotflinte mit dem abgesägten Lauf und - bum fand sich von Motorrad und Motorradfahrer nichts mehr / das Nummernschild wurde später im Parkhaus sichergestellt
Philipp	da / ein kleiner Mann reißt an der Türe / er schafft es / die Magnethalterung gibt nach / die Türe bleibt offen und versperrt den halben Gang / normalerweise schließt diese Türe bei Feueralarm durch Abschalten der Magnethalterung / jetzt sieht der Mann der die Türe aus der Magnethalterung gerissen hat / nur die Wand hinter dieser
Karl	er nahm die Schrotflinte mit dem abgesägten Lauf und - bum fand sich von Motorrad und Motorradfahrer nichts mehr / das Nummernschild wurde später im Parkhaus sichergestellt
Regine	Nerven in Muskel tanzen / die Frau Hobel heißt Vogel und ist Schreinerin sie war in Alaska / von Profis für Profis Dreiunddreißig / Vierundneunzig
Karl	er nahm die Schrotflinte mit dem abgesägten Lauf und - bum fand sich von Motorrad und Motorradfahrer nichts mehr / das Nummernschild wurde später im Parkhaus sichergestellt
Rupert	sie stellte die Klingel ab / aus dem grünlich verschnürten Paket holte sie die Gans heraus / sie war relativ gut vorbereitet / nur einige Restkiele / Restfederkiele mußten von der Gasflamme abgesengt werden / die Innereien nahm sie aus dem Bauch heraus sie wurden gewässert / die Aufbereitung des Gansinneren dauerte eine Stunde / als sie alles eingeordnet hatte / hat sie die Klingel wieder angestellt / vier neue Flaschen Apfelsaft mußte ich einkaufen
Karl	er nahm die Schrotflinte mit dem abgesägten Lauf und - bum fand sich von Motorrad und Motorradfahrer nichts mehr / das Nummernschild wurde später im Parkhaus sichergestellt
Philipp	Er sprach von Strukturen / er hatte einen Wasserfilter / es bekam ihm gut / er mit großem Kopf / leidendem Auge / arbeitsambivalent / es kam im großen / relativ großen Kopf langsam zum Sehen / Briefumschläge / Versandtaschen / Botschaften In- Ausland / Raster / gelb rot blau, hoch tief

flach / da wo Wasser ist / da wo Lurch da ist / Wurm dann
ist / Ader sichtbar durch Television / eine sehr seltene Auf-
nahme / in das / dem Krankenhaus da muß Wurm raus aus
Ader / Teil 2 Kleinformate und Zubehör

Karl

er nahm die Schrotflinte mit dem abgesägten Lauf und - bum
fand sich von Motorrad und Motorradfahrer nichts mehr /
das Nummernschild wurde später im Parkhaus sichergestellt

Rupert

das Besuchsritual war über Jahrzehnte das gleiche. Um 14
Uhr kamen die Schwestern. Die Nichte öffnete die Türe. Die
Schwestern kamen herein und setzten sich um den Tisch. Der
Bruder war noch nicht im Zimmer. Es wurde Kaffee gekocht
und Kuchen auf den Tisch gestellt. Das Gespräch begann.
Jetzt kam der Bruder zur Türe herein in das Zimmer. Er hatte
sich schön gemacht. Die Schwestern begrüßten ihn und
waren stolz auf ihren schönen Bruder. Eine Schwester sagte:
"Hans, du schaust ja immer noch gut aus. Du wirst ja immer
jünger." Darauf murrten die anderen Schwestern und waren
auf sie eifersüchtig. Sie konnte es nicht hören, sie war ja
schwerhörig. Hans setzte sich an den Tisch, stemmte seine
linke Hand in die Hüfte, die rechte Hand legte er auf den Tisch
und trommelte mit den Fingern leicht auf die Tischplatte. Er
sagte abwesend: "Ja, so ist das."

Karl

Er nahm die Schrotflinte mit dem abgesägten Lauf und - bum
fand sich von Motorrad und Motorradfahrer nichts mehr /
das Nummernschild wurde später im Parkhaus sichergestellt

Regine

helles Neapelgelb jenseits von Böse wie ein gedachter Astral-
leib / die Anziehungskraft der Erde ist da / fast schon
wieder ein Verkehrstoter / der Gong mit Echo in Linien
Männchen mit Hämmerchen im All / nichtanwesendes Auge
bei einer weiten Reise / das Allmännerhämmerchen mitten
im Schwarzen Loch / Linien Gong dann erhobener Arm mit
Erdung / der Arm an Figur gewachsen / ein Blatt von vielen

Karl

er nahm die Schrotflinte mit dem abgesägten Lauf und - bum
fand sich von Motorrad und Motorradfahrer nichts mehr /
das Nummernschild wurde später im Parkhaus sichergestellt

Ingrid

die Umgebung war unübersichtlich, die Straßen verschüttet,
die Menschen, die unterwegs waren, waren dunkel gekleidet.
Es waren viele Frauen, teilweise mit einem Kind und mehreren
Kindern, unterwegs. Es war gegen 5 Uhr morgens. Das Last-
auto, das gefunden werden mußte, war schwer ausfindig zu
machen.

Karl

Er nahm die Schrotflinte mit dem abgesägten Lauf und - bum
fand sich von Motorrad und Motorradfahrer nichts mehr /
das Nummernschild wurde später im Parkhaus sichergestellt

Ingrid

noch vor vier Wochen flogen die Flugzeuge so tief / daß die
Piloten gesehen werden konnten / sie schossen auf einen
Bauer und eine Bäuerin / die auf dem Feld arbeiteten / er

nahm wieder die Schrotflinte mit dem abgesägten Lauf / und
das Flugzeug war weg / der Bauer und die Bäuerin lagen am
Boden / da stellte er sie wieder in den Schrank /

Karl

er nahm die Schrotflinte mit dem abgesägten Lauf und - bum
fand sich von Motorrad und Motorradfahrer nichts mehr /
das Nummernschild wurde später im Parkhaus sichergestellt

Philipp

ihr Witz und ihre Obsessionen sind die beste Wiederanlage /
die Toleranz zum nahen Schreck / der Schlüssel wichtig /
1000-PS-Motoren von einzigartiger Intensität und Stärke /
Feinde per Definition

Karl

er nahm die Schrotflinte mit dem abgesägten Lauf und - bum
fand sich von Motorrad und Motorradfahrer nichts mehr /
das Nummernschild wurde später im Parkhaus sichergestellt

Ingrid

nimm deine Karte und spiel / die Landschaft war weit-
räumig / nimm den Hammer aus dem Mund und iß deine
Suppe / der Kapitän war in der Kajüte / an Deck wurde die
Harfe in Bewegung gesetzt / die Pedale waren frisch geölt /
die Seiten gestimmt / das Nummernschild der Hammer das
Motorrad das Parkhaus die Schrotflinte der abgesägte Lauf /
deine Hand zieht die Karte spiele das Spiel

Karl

er nahm die Schrotflinte mit dem abgesägten Lauf und - bum
fand sich von Motorrad und Motorradfahrer nichts mehr /
das Nummernschild wurde später im Parkhaus sichergestellt

Ingrid

Krise gelöst / ab in den Friedhof / Gieskannen hängen da /
ein Brunnen / viereckig von einem Bildhauer gestaltet /
vorne in der Mitte eine rechteckige Platte / in deren Mitte ein
Kreis mit Wülsten eingemeißelt ist / aus dem Zulauf / der
den Brunnentrog füllt / läuft ein kleiner Wasserstrahl / er
bringt die Wassermenge für eine Gieskanne pro Stunde /
Blätter rauschen / Autos fahren 100 Meter weiter weg /
Kies scharrt an Schuhsohlen vorbei und bleibt leicht verän-
dert liegen / Mücken summen /

Karl

er nahm die Schrotflinte mit dem abgesägten Lauf und - bum
fand sich von Motorrad und Motorradfahrer nichts mehr /
das Nummernschild wurde später im Parkhaus sichergestellt

Regine

Mit Sachrecht auf jeden Fall / halbierte Wachstumsrate bei
Anstieg der Bruttobeträge bei Vorabrechnungsergebnisstand
90 / Punkt um Punkt abgekoppelt /
es waren im Jahre 1610 zweihundertfünfzig Tomaten / 1649
waren es zweitausend Tomaten / später hatte er einen
großen Hut, der schwarz war / er General oder Admiral /
später drängen sie sich es geht los / die Tomaten / die Be-
troffenen / ein Unternehmer sagt "Mit Pfeifen will ich nicht
zuammenarbeiten"

Karl

er nahm die Schrotflinte mit dem abgesägten Lauf und - bum
fand sich von Motorrad und Motorradfahrer nichts mehr /

das Nummernschild wurde später im Parkhaus sichergestellt

Philipp

und in diesem Augenblick wo er dies wußte / wußte er auch
/ daß er allein es wußte / durch den diese Angst überwun-
den / durch den der Kreis gestärkt und dann die große Kugel
in den Saal gerollt wurde / konnte er / er als Sucher der
Zeichen wußte natürlich Zeichen zu setzen / er hatte drei
Zeichen / den Kreis / die Kugel / und seine Person mit
machtvollen Gedanken / der Schweiß stand auf seiner eigenen Stirn / viele standen neben ihm / einige sogar außer-
halb des größeren Gesprächsrahmens / sein Rücken war
leicht gekrümmt durch die Anspannung und sein Alter und
sein Gesicht mit dazu / jetzt setzte er das Zeichen / er rollte
die Kugel / die riesige / große Kugel / in den Brunnen /
sie blieb oben liegen / da der Brunnenschacht / der runde
zu klein war / und er glaubte / durch diese Verstopfung /
der Zauber sei beendet / seine Zunge löste sich / und die
Worte plätscherten auf alle Umstehenden / die gesprächig
mit sich um ihn stehenden / und die Hoffnung wuchs / daß
sich ein Gürtel mit kostbaren Ringen bilden würde / und die
Feder / die in ihm steckte zu einem bronzenen Kreis mit
Kreuzarmen sich zu formen beginnt / der Lärm der sie umgab war erstaunlich / fürchte dich nicht / bald ist alles vorbei / die Nachrichten aus dem Radio wurden immer
schlimmer /

Karl

er nahm die Schrotflinte mit dem abgesägten Lauf und - bum
fand sich von Motorrad und Motorradfahrer nichts mehr /
das Nummernschild wurde später im Parkhaus sichergestellt

Rupert

das Schwein / das ich geschenkt bekam war schön mit
seiner rosa Haut / sollte es sich zu einem Menschen ent-
wickeln können / bei richtiger Behandlung lernte es sprechen / aber was sollte ich mit einem Schwein / denn das
geht ja nicht / die Chromosomen sind ja dagegen / sagte
einer mir / also blieb es ein Schwein / es wurde immer
häßlicher / es hatte sogar einen weißen Hut auf / und aß ein
belegtes Weißbrot / es redete / aber die Erbfaktoren / eine
verzweifelte Situation / kein gutes Geschenk

Karl

er nahm die Schrotflinte mit dem abgesägten Lauf und - bum
fand sich nichts mehr

Rupert

Die Gieskanne brachte die treppenputzenden japanischen
Mönche in Bewegung / dann war es sauber / die alten
Tausend-Lire-Scheine reichen jetzt kaum noch aus zu einer
im Stehen getrunkenen und bezahlten Tasse Espresso /
Punkt um Punkt aus dem Netz abgekoppelt / Ausrichter-
spannung / bis zu dem in allen Ländern Angebotenen
werden sie die Wiederanlage der Ertragsanlage / die Zusatz-
und Neuanlagen mit mobiler Ausschütung nicht gerechnet /
bei richigem Schlüssel ist das von zwei Seiten regengeschützte Schloß zu öffnen / dann waren wir drinnen / die
Papierschreiber aber nicht / die wollten gestern herein mit /
ja mit Recht / Recht natürlich nicht mit moralischem / ja mit

Sachrecht sogar auf jeden Fall / halbierte Wachstumsrate /
da nahm er wieder die Schrotflinte mit dem abgesägten Lauf
und - bum / Punkt um Punkt koppelte der Vorsitzende das
Netz aus / Preissenkung Beschluß Hauptversammlung kein
Blick in das Paradies jetzt / das Brot es war ein Zweipfund-
wecken wurde am Montag eingeteilt für drei Personen für
sieben Tage dann lag es im Brotkasten / jede Scheibe
zählte / Wo wie da / ist doch da / du da / auch du da /
wo da / da / da ist da ist Brot da / da das Brot / ah ja /

Karl

sie nahm die Schrotflinte / die Klingel wurde abgestellt / er
hatte einen Wasserfilter / er sprach von Strukturen / einzig-
artige Intensität und Stärke die Toleranz zum nahen Schreck
Feinde per Definiton die beste Wiederanlage ihr / Witz die
Toleranz der nahe Schreck die Anziehungskraft der Erde Anstieg der Bruttobeträge halbiertes Sachrecht Wachstumsrate
Ergebnisstand General oder Admiral der erstaunlich umge-
bende Lärm Zusatz- und Neuanlagen Espresso Ausrichter-
spannung regengeschützte Ausschüttung Ertragslage Brotkasten Kreis Kugel Fall abgestellte Klingel Nummernschild Parkhaus fachmännisch abgesengt / mit Recht treppenputzende
japanische Mönche Magnethalterung abschalten / nicht ab-
reißen unerschrockene Einsicht in eigenes Besetztsein der
nahe Schrecken zum Witz finster und hoffnungsvoll Stärke
und Eindringlicheit offen und versperrt die entscheidende
Feinfühligkeit / eine Prozession / das Bild.

IM EKKELAND 1991

PERSONEN: Ekki, Karl

Ekki	Hast du die Versicherung bezahlt
Karl	bezahltest du die Versicherung
Chor	die Biene die Biene die Biene die Biene die Biene die Bienenkönigin die Biene die Biene die Biene die Bienenkönigin die Biene die Biene die Bienenkönigin die Biene die Biene die Biene die Biene die Biene
Ekki	warum hast du die Versicherung bezahlt
Chor	die Biene die Biene die Biene die Biene die Biene die Bienenkönigin die Biene die Biene die Biene die Bienenkönigin die Biene die Biene die Bienenkönigin die Biene die Biene die Biene die Biene die Biene
Karl	mußt du die Versicherung bezahlen
Chor	die Biene die Biene die Biene die Biene die Biene die Bienenkönigin die Biene die Biene die Biene die Bienenkönigin die Biene die Biene die Bienenkönigin die Biene die Biene die Biene die Biene die Biene
Ekki	wann hast du die Versicherung bezahlt
Chor *(laut)*	wertvolle Proteine und Kohlenhydrate
Karl	weshalb hast du die Versicherung bezahlt
Chor	Kinder / schrien / macht schranktrocken / bügelfeucht / mangelfeucht
Ekki	wann zahlst du die Versicherung ein
Chor	Gärten im Miniformat
Karl	wie oft zahlst du die Versicherung ein
Chor	dann aß ich eine Banane / er / sie / brachte / es in / sei- ner / ihrer / einfachen / Art / sie / sagte / ich / bin ich / die / anderen / auch / von dieser Erkenntnis die seine ihre war und immer stärker wurde ging sie er aus / seine / ihre / Äußerungen / hatten / etwas / angenehmes / ihre seine Bewegungen auch / sie / er / hat / noch / Jahre / vor / sich / aber über unter auch da / wo / wo / wie / nicht / ist / Jahre / Summe / Handbewegung / etwas / Angenehmes / sicher ist / sie er sind da

Ekki	wieviel zahlst du in die Versicherung ein
Chor	die Biene die Biene die Biene die Biene die Biene die Bienenkönigin die Biene die Biene die Biene die Bienenkönigin die Biene die Biene die Bienenkönigin die Biene die Biene die Biene die Biene die Biene
Karl	hast du wirklich die Versicherung einbezahlt
Chor	die Biene die Biene die Biene die Biene die Biene die Bienenkönigin die Biene die Biene die Biene die Bienenkönigin die Biene die Biene die Bienenkönigin die Biene die Biene die Biene die Biene die Biene
Ekki	zahl doch die Versicherung ein
Karl	ich weiß du willst sie einbezahlen
Chor	die Biene die Biene die Biene die Biene die Biene die Bienenkönigin die Biene die Biene die Biene die Bienenkönigin die Biene die Biene die Bienenkönigin die Biene die Biene die Biene die Biene die Biene
Ekki	warum sagst du nicht / ich hab keine Versicherung
Chor	die Biene die Biene die Biene die Biene die Biene die Bienenkönigin die Biene die Biene die Biene die Bienenkönigin die Biene die Biene die Bienenkönigin die Biene die Biene die Biene die Biene die Biene
Karl	welche Versicherung hast du einbezahlt
Chor	Rechtecke / fast Quadrate / rechts etwas näher zum Be- trachter / eine Röhre / braun / schwarz / weiß / ge- sprenkelt / der Bodenbelag / mußt du eine Versicherung einbezahlen

EGO - SATZ   1991

PERSONEN: Ekki, Karl, Philipp

Chor (feierlich, relativ leise, sonor)	Vom Altertum / bis auf den heutigen Tag / nichts eingebüßt / die Anregung kam von verschiedenen Seiten / mit verbindlichen Verweisen / zur Orientierung / die so ihren Zweck erfüllen / vom Altertum / bis auf den heutigen Tag
Ekki	nichts eingebüßt
Chor	rohe Früchte / Stimme
Philipp	Äpfel Bananen Aprikosen Birnen
Chor	enthalten Mineralien und diese / Stimme
Ekki	genau diese sind für den Körper wichtig
Chor	er sie / Stimme
Philipp	öffnete
Chor	ihr sein / Stimme
Ekki	Hemd vom Kragen bis zum Nabel
Chor	er sie / Stimme
Philipp	drückte ihre seine Brust an den Eisberg, der vor
Chor	ihm ihr / Stimme
Ekki, Philipp	sie er fühlten / wußten es / furchtbar das Zerbrechen / Zweiundneunzig / wächsener Schimmel / jetzt Stimme du Gute / warum bist du gut Gute / gut ist gut / anderst ist anderst / du bist anderst Gute / Gute anderst / gut ganz anderst / wie gut / ganz gut Gute / feinlinige perspektivische Ansicht
Karl	du Guter / warum bist du gut / warum bist du gut / Guter / Guter ist gut / anderst ist anderst / du bist anderst Guter / Guter anderst / gut ganz anderst / wie gut / ganz gut / ganz gut Guter / feinlinige vollgültige perspektivische Ansicht
Chor	feinlinige vollgültige perspektivische Ansicht
Philipp	rohe Früchte / Äpfel / Bananen / Aprikosen / Kirschen / Birnen / enthalten Mineralien / und diese
Chor	und genau /
Ekki	diese sind für den Körper wichtig

Philipp	es ist schon alles vorgekocht unter der Woche es wird dann nur noch aus Eimern herausgeschüttet / es war gestern / da standen in Zweierreihen die Leute bis in den Hof / 580 Essen am Abend / an diesem einen Abend / da kannst du dir vorstellen was da / ist was los / wie am Jahrmarkt
Chor	unglaublich unglaublich
Ekki	gestern abend ging es noch 590 Hähnchen mit Schnitzel doch die waren nicht ganz durch wir haben das rohe Fleisch bemerkt aber nicht mehr korrigiert.
Chor *(synchron)*	Die Biene / die Biene / die Biene / die Biene / die Biene / die Bienenkönigin / die Biene / die Biene / die Biene / die Bienenkönigin / die Biene / die Biene / die Bienen-königin / die Biene / die Biene / ...
Philipp	das war nur der erste Schritt ich weiß nicht wie du darüber denkst verstehst du mich / ich versteh dich schon und zwar weltweit
Ekki	da zieh´ ich mich wenn es so weit ist auf meinen Bauernhof zurück und beliefere euch mit Beeren Obst und Früchten der Schwerpunkt sind Quitten in jeder Form als Marmelade als Saft als Schnaps und wenn es kein Benzin mehr gibt, dann spann´ ich meine Kuh vor den Wagen und bring´ euch die Nahrungsmittel in die Stadt
Chor *(Sing Sang)*	und keiner berührt das Ei / die Hirten gehen zur Krippe und singen dabei / die Hirten knien vor der Krippe und singen mit den Engeln / alle singen / die Engel und die Ministranten singen / sie sangen alle ein schönes Lied und freuten sich herzlich /
Philipp	vitaminreiche Beeren wie Vogelbeere / Brombeere / Him-beere / die speziell gezüchteten / die großen Wildbirnen und Wildbirnensaft oder Schlehen voll von Vitamin C / alles für euch
Chor *(synchron)*	Brezenkind mit Breze / Breze mit Brezenkindern / Kinder-breze für Brezenkinder / Brezenkinder gegen Semmelkinder / Kindersemmel für Brotkinder und natürlich auch für Sem-melkinder / Brezenkinder und Semmelkinder in Brezenbrot-semmelkindergarten wird zu Brezenkind als Brotkind / zu Semmelkind
(Kanon) *(synchron)*	quitollis / quitollis / quitollis / quitollis sie er / er sie / machen jetzt den Tüv / Agadier
Ekki	Luft 21 Wasser 18 / Beratungspunkt / Freiheitskampf gegen Kinder
Chor *(synchron)*	wissen wir etwas / was wissen wir / müssen wir wissen / brauchen wir etwas wissen / müssen wir wissen / warum

	müssen wir wissen / gewissenhaft und umsichtig

Karl

mit Achtsamkeit und Geduld

Philipp

der Herr ein Ritter / sie er / in der Küche / Ritter was kochen wir / Erbsen sagte der Ritter / dann kauften er sie

Chor

sofort sofort sofort

Ekki

Erbsen / tiefgefrorene Erbsen / 580 Schnitzel Kartoffel Quitten / das Lokal war leer / Erbsen auch nur zwei Stück / fanden sie er / an sie / zwei gute Erbsen / der Ritter / der Herr wird sich freuen / gereinigt weiß

Philipp

Gedankenketten / die Bedeutung der E-Numern wissen

Chor

Lanolin Lanolin Lanolin Lanolin Lanolin Lanolin Lanolin ...

(lleise, zusammen-hängend)

Wo ist das Sparbuch?

Ekki

Das Wasser reichte über die Achsen / und über den zer-legten Motor / über und unter Wasser

Philipp

wieder öffneten sie ihre Herzen / die Brust war erfroren / der Eisberg war immer noch in Grönland oder Grönland ist ein Eisberg ein Gletscher von dort kommen sie die Eisberge / sie er gingen mit abgekühlter Brust / abgekühltem Körper / mit kühlem / Herzen mit zwei Erbsen in vier Händen / vom Gletscher / Grönland ist unter einem Eispanzer / ihr sein warmes Herz / sein ihr warmer Brustkorb / von der ersten Anpressung abgekühlt / von der zweiten erfroren / erfroren mit zwei Erbsen in vier Händen

Ekki

da gehört eine strenge / Männerwirtschaft her / die streng-ste / so eine ganz strenge / dann ist Ordnung mit einem konzentrierten Überblick und Einblick

Chor

Inhaltsverzeichnis / nach Standnummern / Riemenantrieb über Elektromotor / Archivierungssysteme in großer Vielfalt / monogrammiert datailiert / orientiert.

Karl

Der Zweiundneunzigjährige brachte seinen Körper mit / er legte ihn in die Krippe / auf den Boden / er hatte ihn ent-wickelt / wie seinen eigenen / mit modernen Mitteln / er sah war so wie seiner / nur nicht sein eigener / der Zweiundneunzigjährige sagte: / Da / mit diesem könnt ihr experimentieren / mit ihm / er ist nicht echt / er sieht nur so aus / dann der Alte geht weg / er sie / da standen sie da / mit dem auf dem Krippenboden liegenden nachge-machten Greisenkörper / er sie / fragten wohin damit / warum geschenkt / warum geboren aus fleckiger Soße / zum Experimentieren / in das Gefrierfach des Kühlschranks / nein in den Müll / nein halt / da kommt ja die Polizei / die weiß ja nicht / daß er nachgemacht ist / erkläre doch du mal denen / daß der nachgemacht ist / das schaffst du nicht / daß die das verstehen / da kannst du im Knast jahrelang Briefe schreiben / der echte Zweiundneunzig- jährige ist dann auch schon tot / und du dann auch / bis die das merken / daß der nicht echt ist / sondern nur zum Experimentieren uns geschenkt wurde / sie er / er sie / sagten: erholsamer ist eine Cäsiumlampe / da befindet sich dann wenigstens wächsener Schimel unter deiner Haut

Philipp

die Debatte am Donnerstag verlief dann kontrovers und er- regte die Redner / sie er / er sie / lehnten Aktionen rigoros und entschlossen ab / Ergebnis / sie zerissen die Zeug- nisse ihrer Kinder

Chor *(synchron)*

knapp und bewußt die ordnende Hand brachte es an das Licht / Vergangenheit / Gegenwart / Zukunft

HIEBE DUMPF DA REGAL KAPUTT 1991

PERSONEN: Ekki, Ingrid, Karl

Karl

Gefährdete Personen warnen / Hilflose mitnehmen / auf Anweisungen warten und achten / Tube ich /

Ingrid

bewahrt uns vor einer Progression / trefft die nötigen Vorbereitungen / die Fußgänger in Großbritannien verlieren ihre Vorrechte im Straßenverkehr und müssen sich der allgemeinen Verkehrsregelung einfügen /

Ekki

das ist bei uns angebracht / halt / schreit der Richter wütend / der arme Fritz war verfeindet /

Karl

doch die aus dem Zimmer hinausgehenden Stromkabel waren soeben gebündelt überzeugt / sie führten hinaus und hinauf / es war ein junger Mann und eine junge Dame / hastig überdachten sie die Situation / vielleicht die kleine Maschine als Schallsieb / so sieht eine Frau und ein Mann nicht aus / keiner wußte zu antworten / alle waren viel zu zerstreut / das Mädchen schafften wir / sie / in das Revier / es war einem Zusammenbruch entkommen /

Ekki

halt / schreit da der General / das Rad gehört in den Hausgang /

Ingrid

die Heere näherten sich Kadesh - die Hetiter und die Ägypter, beide hatten Generäle, die immer wieder wütend schrien. Das war und ist einleuchtend, denn es ging um sehr viel. Wütend, mit Kraft wurden die Streitwagen in die benötigte Position gebracht. Keiner regte sich ab.

Ekki

Ein hypothetischer Vulkan / Kadesh Ramses Hetiter / im Hausgang / auch das noch Kampf des Paulus gegen Jakobus / jeder / alle in höchstem Maße erschüttert / das stimuliert die Restsynthese / Triolin / Tryptophan / Kerosin / Glycin / Histidin / Tridimit / Christobalit / Fructose / Eiweißbausteine / Schubkarren / hinein in eine / die stringente Progression / halt / schreit der General wo wächst was im hypothetischen Vulkan / halt / schreit der General /

Karl

wir jetzt Kadesh / Granwiasch / iltschna na watscha / ja iltschna na watscha /

Ekki

halt / schreit der General / Streitwagen ölen / halt / schreit der General / das Fahrrad gehört in den Hausgang / Obst und Joghurt in den Kühlschrank /

Karl

was hat der zu dir gesagt / jetzt sind sie ganz narrisch geworden / transportiert wollen sie das auch noch haben /

Ekki

Triolin Tryptophan Kerosin Glycin Histidin Fructose

Eiweißbausteine

Ingrid	in Schubkarren / das ist jetzt die stringente Progression / durch Kadesh / Hetiter / Ramses / und den Kampf des Paulus gegen Jakobus im Treppenhaus /
Karl	das Rad gehört in den Hausgang / nein das Rad gehört nicht in den Hausgang / was ist ein Rad / ein Rad ist ein Rad / aber ein Hausgang ist ein Hausgang / jedoch kein Rad / warum Hausgang ohne Rad / Rad zu Rad / Hausgang bleibt Hausgang / was ist ein Hausgang / wofür ein Hausgang nicht für das Rad / Rad und Hausgang sind nicht definiert / was / warum ist ein Rad ein Rad / wie wo was warum ist ein Hausgang ein Hausgang / mit Rad ist Hausgang Hausgang mit Rad / Rad mit Hausgang geht nicht / da Rad sich nicht drehen kann in Hausgang / kann Rad sich drehen ja aber Hausgang mit und ohne oder Rad braucht sich nicht drehen / Rad braucht sich nicht drehen denn Rad bleibt Rad auch ungedreht / ungedrehter Hausgang ist doch anderst als gedrehtes Rad in Hausgang / Rad gedreht geht / aber dreht nie Hausgang / sowie nicht gedrehtes Rad Hausgang nicht ist / ist wie gedreht schon Hausgang / wie gedrehtes Rad / das ist die Frage / nein anderst / gedrehter Hausgang mit gedrehtem Rad ist halb möglich da Hausgang sich nicht dreht / doch Rad außerhalb von Hausgang sich drehen kann / nicht muß / Hausgang kann außerhalb Hausgang sich nicht drehen / auch innerhalb nicht / da sonst nicht mehr Hausgang Hausgang ist / sondern Rad die Heere hatten Kadesh eingeschlossen / die einen von Norden die anderen von Süden / gewalttätige Auseinandersetzung um den Führungsanspruch / Entdeckungen sind zu erwarten die erschütterten Gelehrten sind außerhalb ihrer bestimmten Gruppe zugänglich
Ingrid	sie sagt zum General / hast du dich wieder abgeregt /
Ekki	halt / schreit der General / nicht wenn du deinen roten Pullover an hast / nein / das fällt mir doch gar nicht ein / da frag ich mich wirklich /
Ingrid	Äsen mit Sex-Appeal / Eisrettich mit Zitrone / Zollamt in Pakistan /
Ekki	da schreit der General / das Leben geht tot oder lebend weiter /
Karl	Nacht- und Nebelaktionen der Hochseefischer im Aktionsverbund mit den am Kraterrand mit Aussichtsplattform stehenden Touristen
Ekki	halt / schreit der General, das ist kein Touristengebiet. Die Streitwagen sind gestaffelt aufgestellt, die Stromleitungen angeschlossen, die Achsen geölt, das sind keine Schubkärrchen.

Ingrid	Die Frage ist, wie ist unsere Problematik, da das körpereigene Collagen die Härtung der Nägel und die Vergrößerung des Haarschafts bewirkt. Die Gelenke sind wichtig. Herr General / was sagen Sie dazu /
Ekki	eine regungslose Sache mit eigener Dynamik / Dynamik ist spezifisch /
Chor	dann sangen die Fußgänger mit den Radfahrern die altbekannten Lieder
Ekki	1. Streitwagen geölt im Touristengebiet
Karl	2. Fahrrad im Hausgang
Ingrid	3. Äsen mit Sex-Appeal
Ekki	4. Hochseefischer in Aktion
Karl	5. Teppichplage im gedrehten Hausflur
Ingrid	6. Schallsieb verpackt als Eisrettich
Ekki	7. Im Zollamt von Pakistan
Karl	8. Führer durch die Nacht
Ingrid	9. Das arme Obst im Kühlschrank
Ekki	10. Der reibungslose Verkehrsfluß
Karl	11. Die kleine Maschine
Ingrid	ja die kleine Maschine / das ist so schön / das hört sich so an / die kleine Maschine / in der Schiene steht sie da / schaut sie euch an / diese kleine Maschine / in der Schiene
Chor *(singt)*	frisch gestrichen - dann / die Maschine / in und auf der Schiene / ja ja / ja die Schiene / die Schiene mit der Maschine / die Maschine
Ingrid	und am Schluß sangen sie wie immer
Ekki, Karl	12 / Tube ich
Ekki	ja, jetzt haben wir sie erwischt, schreit wütend der Richter, das waren die Frau Holzmann und der Herr Holzmann. Schluß, die werden jetzt sofort verhaftet.
Karl *(holprig, mit Text vom Tonband)*	Seul le petit marchand de sable bourdonait par-ci, par-lá, avec sa petite brouette en argent et ce nétait pas seulement dans les yeux des enfants qu´ il envoyait du sable á l´ aide de sa petite pelle en or.
Ekki	Schaut euch doch mal an, was im Hausgang los ist, da geht

es ab. Das Fahrrad als Rad, der General schreit, der Richter läßt sofort verhaften, aber was ist ein Hausgang.

Ingrid

Jetzt war es soweit /
nur das Sandmännchen zischte noch mit seinem silbernen Schubkärrchen herum und schaufelte mit seinem goldenen Schäufelchen nicht nur Kindern Sand in die Augen.

TRANSMUTATION   1991

PERSONEN: Ekki, Karl

Ekki *(lakonisch)*	Meerrettich / das geht auf die Nerven /
Karl	jeder kann das gar nicht / das gar nicht / sagen /
Ekki	verarschen laß gar nicht / das gar nicht kann ich mich selber /
Karl	dann sind einfach die Blätter / im einfach so hingelegt /
Ekki	das ist doch nicht Kochen /
Karl	das ist nur ein Zusammenpantschen von verschiednen Säften /
Ekki	wo ist der Meerrettich / den kann man ja gar nicht essen /
Karl	sehr scharf / aber gesund /
Ekki	wenn ich das gewußt hätte /
Karl	da wälzte er / sie sich am Boden /
Chor *(versetzt)*	wie eine lose Tüte / wie eine krumme Banane / wie die Drogerie / wie das Institut für Bagonalistik / wie eine Straßenbahn / wie ein Autoreifen / wie ein Terminal / wie der Rock / wie das Glatteis / wie der Kakadu / wie das Drahtgestell / bis blank ist - war dann der Boden /
Karl	neue Nachricht /
Ekki	doch Stundung muß vernünftig sein, aber auch der Lenkbeschluß / ohne das geht es überhaupt nicht / nein so geht es nicht /
Karl	wie immer dieser Steinboden /
Ekki	wie immer dieser Wintermantel /
Karl	wie immer dieser Autositz /
Ekki	wie immer dieses Reden /
Karl	wie immer das durch die Brille schauen /
Chor	wie immer /
Ekki	jetzt stimmen die Regierungen ein / Brotkrawall / wie eine antike Druckerpresse / griechisch - römisch - keltisch /
Karl	jetzt aber dann /

Ekki *(dramatisch)*	die Steckdose schaut auf dich / mich / uns / wir / sie / es / das /
Karl *(erzählend)*	ja / das ja / das / ja sowas / das hier / die durch zu starke Hitze entstandene Schaumkrone wälzt sich / wie er / sie / am Boden im Kochtopf umher / Vulkan / Urgewalten / kochende Blasen über dem Kochtopfrand sprudelnd nach oben / hinein in die Küche / ein Universum /
Ekki	sie / er / sagten /
Karl	wir hatten etwas erlebt / was unverarbeitet blieb / bleibt /
Ekki	weitausgreifendes immer stumpf roh und viel zu süß /
Karl	Maschinen schreien auf wie kleine Kinder / säurefreies Wochenende /
Chor *(gleichmäßig)*	wo im dunklen Gang ist Sauberkeit / im Licht dann da / wenn es gemacht ist / wo im dunklen Gang ist Sauberkeit / im Licht dann da / wenn es gemacht ist /
(bedeutend)	wo im dunklen Gang ist Sauberkeit / im Licht dann da / wenn es gemacht ist /
Ekki	siehst du es jetzt /
Karl *(ruhig)*	ja / jetzt ist es eingetrocknet /
Ekki	getrocknet / ganz einfach getrocknet /
Karl *(ruhig)*	ja / ausgetrocknet /
Ekki	ich sage ja immer /
Chor *(langsam)*	reifen lassen / liegen lassen / ablagern lassen / warten lassen / laufen lassen / nehmen lassen / geben lassen / quellen lassen / Hustenbonbon / Luftballon / Bienenwachs / Seidentuch / koprijenena carpa /
Ekki	ja /
Karl *(langsam, bedeutend)*	ja / weit weg von hier / die Handlung war /

SOZIAL 1992

PERSONEN: Ekki, Karl, Philipp

Während des Sprechstücks werden immer wieder Grauer
Subaru, MB Miesbach *und* MB Magdeburg *bedeutungsvoll
aus dem Off eingesprochen.*

Ekki

Auf Vorder- oder Rückseite auf Flach- oder Halbflachglas
auf Vorder- oder Rückseite auf Flach- oder Halbflachglas
oder Spiegelprodukte oder dekorierte Gegenstände oder das
Abziehbild / Abziehbild und Flaschen und Trinkbecher und
Krüge und Ampullen und Stifte und Frontblenden und Schil-
der und Trichter / einschließlich /

Ekki, Karl

Fahrzeugarmaturen / einschließlich / Fahrzeugarmaturen /
einschließlich ...

Ekki

Geräteschilder / einschließlich Overlays / einschließlich
Meßgeräte / einschließlich gedruckte Skalen / einschließlich Schaltungen / einschließlich / einschließlich Schaltungen / einschließlich Hybridschaltkreise / einschließlich
Folientastaturen / einschließlich elektronische Anzeigen /
einschließlich LCD / einschließlich VFD / einschließlich LCD
/ einschließlich VVD / einschließlich Widerstände / oder die
Maske / oder die Kleidungsstücke / oder die T-Shirts /
oder Jacken / oder Hosen / oder Blusen / oder Röcke /
oder Heiß-Transfers / die Jacken oder Hosen oder Blusen
oder Röcke oder / Heiß-Transfers / die Sublimationsverfahren / die Spezialitäten / die Neuheiten / die Spielwaren
/ Souveniers / Werbegeschenke / Spielwaren / Souveniers / Werbegeschenke / Anwendungsgebiete in jeder der
eigenen üblichen Kategorien / Gold /

Chor

Gold / Silber / Bronze / am Montag gibt es um 16 Uhr
dann diese /
Gold / Silber / Bronze / am Montag gibt es um 16 Uhr
dann diese /

Karl

die Wertschöpfung / bidirektional / Themenspektrum /
Hektographentinktur / Wachsmatritzenvervielfältigung /
Video-Lupe / Postschließfach 41 / 48 je nach Wochen-
tagen

Chor

samtidig / abner i lageret / Fredag Udstillingen /

Karl

das Auge erfaßt zuerst ein chaotisch anmutendes Labyrinth /
als Ausdruck der autonomen Mittel taucht Form / um die es
ja in diesem Zusammenhang geht auf / wie auch in der Linie
/ im öffentlichen Bereich im auf / auf / Bereich / im auf /
auf /

Chor

Komori / Komori / Komori / Komori / Komori / ...

Ekki	die Zeichen sind so komplex / wie die sie erzeugenden Bedürfnisse / ansichtig / uns nicht mehr komplexest / diese unseren komplexen Zeichen / ein Formalist hat eine Ahnung / aber keine prähistorische Zeit / elementare Stoffe / Strukturen vorgefundenes wesenhaft / Transzendierung / vorgelagertes / konkretes Geschehen / Gunst dem beginnen / und leitet mein stetig fließendes Lied herab zu / in unseren Tagen / ein reizvoller Exkurs / ein subjektiver Kosmos / pädagogisch zu veranschaulichen / erklärbar seit 150 Jahren / Auto die Botschaft /
Chor	grauer Subaru / MB Miesbach / MB Mageburg
Ekki	Herr Seel, was Sie uns da geliefert haben, im Vertrauen gesagt, das war nichts Gescheites. Das war, um es richtig zu sagen, nichts Gescheites. Woher kommt das? Das können wir allemal nicht brauchen. Was soll man, er, sie, wir jetzt machen? Was meinen Sie dazu? Erzählen Sie mir bitte jetzt hier keinen subjektiven Kosmos, keine Gummierklärungen! Sache ist Sache, aber bitte keine Brückenakrobatik, dafür ist es zu spät! Holz wurde weiß, so ging es los. Bitte kein Pipettendenken jetzt!
Karl	Das großartige Werk in seiner Vollendung gigantisch wiederentdeckt rekapituliert mit trivialer Kraft / annulliert / kaschiert und eingemottet / das ist so / 150 g entscheiden was im Boden schlummert / 20 Bogen 114 x 80 cm / ein erzieherisch wertvolles Modell
Philipp	Suna starb mit 43 Jahren. In der Wildnis werden diese Affen bei weitem nicht so alt. Bei diesem Licht da sieht man nicht gut / aus der Zehe läuft das Blut / Fern der Heimat / steh ich nun geheimgehalten / geschossen von Tragödien
Karl	der soll sich endlich selber das Hirn ausrenken. Das ist eine Frechheit. "Fern der Heimat" sagt er nur, weil er zu faul ist, daß er sich selber was ausdenkt. Der soll den Unterschied merken zwischen ausgezogen und gestorben.
Ekki	Sand auf das Eis
Karl	Rudi im Haus
Chor	Kettensäge in Aktion
Karl	Buchstabenkugel
Chor	Rhetorikstelzen
(durcheinander)	ein riesiges Bild ganz in Blau, 3 m x 5,20 m Blattgemüse Blattsalat
Ekki	die Karotten mußt du grob raspeln oder in Scheiben schneiden das ist wichtig das gibt eine ganz andere Qualität / das

Kopftuch / das ist gelb / aber warm / halt / rot / Fußgänger / warten / Auto / Radfahrer auch / aber nur von rechts
/ von links fahren dann / das machen sie ja schon / ja
richtig / links vor rechts / ja richtig links vor rechts /

Philipp

diese Gieskanne, wie die Designer nur auf so eine Form kommen können / das geht ja nur in Plastik / so was
Komisches / da ist der Autohandel etwas anderes

Karl

Monopol mit Löchern / illusionistischer Kram / wie
Tomaten / auch Gurken / auch der Salat / auch das muß
alles getragen werden / Salat um Salat / Blatt um Blatt /
Gruke um Gurke / Tomate um Tomate / rollen / das geht
nicht / vielleicht bei den Tomaten / aber auf der Straße rollen oder der Autobahn / das ist keine Frage / über Tausende von Kilometern / das hält ja keine Frucht aus / kein Gewächs / essen sollen wir es ja auch noch / und schön aussehen soll es / da wir ja auch mit dem Auge essen / und die
Kunden im Geschäft / ob die bei gerollten Nahrungsmitteln
noch zugreifen und kaufen /

Ekki

roll kein Obst / das hält es nicht aus / gerollt ist das aus /
ob im Sommer oder Winter / roll kein Obst / es ist zu weit /
Roll kein Obst / das hält es nicht aus / gerollt ist das aus /
ob Sommer oder Winter / fern der Heimat es der Reifen
quetscht / roll kein Obst / es ist zu weit / roll kein Gemüse
/ das ist auch zu weit / das kanst du nur tragen / roll kein
Gemüse / roll kein Obst / sonst ist die Straße voll / der
Reifen quetscht es breit / Obst und Gemüse sind toll / ja /
es nicht roll /

DAS ARME OBST IM KÜHLSCHRANK   1992

PERSONEN: Karl, Philipp

Chor *(singt laut und gräßlich)*	Parle moi d´ amour
Philipp *(leise)*	keine lauten Stimmen im Hof / keine lauten Stimmen im Hof / keine lauten Stimmen Imhof / keine lauten Stimmen im Hof / keine lauten Stimmen / Imhof Imhof Imhof
Chor *(Litanei)*	Ballaton Ballaton Ballaton Ballaton Ballaton ... Vallaton Vallaton Vallaton ... Balkon Balkon ...
(vitalgurgelnd)	Gurkengläser / Rotkohlgläser / Einwegflaschen / Plastikbecher / Beutelverpackung / Beutelverpackungen / Kühlschränke
Philipp	Kühlschränke / die Kühlschränke / der Kühlschrank
Chor *(sachlich)*	es öffnet sich die Kühlschranktüre das arme Obst es liegt auf dem Rost über / und / unter / ihm / ist Frost
Karl *(dramatisch ansteigend)*	das Obst es kommt heraus die Gabel sticht das Messer schneidet das Obst es leidet
Chor *(langsam, hoch, breitwalzen)*	Ich hab euch doch gesagt / ich mag das nicht / und ich soll das essen / obwohl ich euch gesagt habe / daß ich das nicht mag / ihr seid so bös / so bös / und ihr habt das bestellt / jetzt ist es da / und ich soll das essen / obwohl ich euch gesagt hab / daß ich es nicht mag
Karl *(sachlich)*	die Probe hat mit dem vorliegenden Ergebnis ein Gesicht bekommen. Überarbeitet enthält sie alle zur Zeit möglichen Spezialfiguren der Abgerundeten. Sofern eine Figur einem größeren Bereich zugeordnet werden konnte, ist sie bei Tongruppen, abgerundet zu finden: in bemusterten Reihenfolgen, in einem Stichwortverzeichnis. Fremdsprachen sind in dieser Probe nicht zu finden, da im nächstgrößeren Kegel übersichtlich nachgeschaut werden kann. Für den mit der Probe bereits Vertrauten, führt ihn die Probe von Kegel zu Kegel im nächst kleineren Grad bis zum Matrizenprogramm, das sich ständig außerhalb des Kegels erweitert. Die Bezeichnungen
Chor	griechisch oder römisch
Karl	genügen nicht, da ein kursiver Abfall in der Probe und den dazugehörigen Kegeln in Übersicht vorhanden ist. Die

Magazinkanäle mit Tastenschema ergänzen den Rundlauf der vorhandenen Probe.

Chor *(dramatisch ansteigend)*	Die Gabel sticht das Messer schneidet das Obst es leidet
Karl	unsere Hoffnung / der Traum / die Vorstellung von Unglück und Elend / das Schicksal / alles hier und dort / ein Abfahren und Ankommen / Wir sagen
Chor	Strahlenmassen leere Tassen /
Karl	Export aus Übersee / Gemüsesteigen / Gurkengläser / Rotkohl in Beutelverpackung / Fallpacker
Philipp	wrap-around Verpack
Karl	Wellenteilung / Berstdruck / Palettenversand / Herzblut
Chor	Vollblut
Karl	Traum / Hoffnung / Obst Kühlschrank ohne Gurkengläser und Fallpacker mit Strichcodeaufdruck / Profilleiste /
Chor	Ballaton Ballaton Ballaton Ballaton ...
Karl	die Gabel sticht / das Messer schneidet /
Chor	ich hab euch doch gesagt ich mag das nicht / jetzt ist es da
Karl	In dieser Region, wo die Entscheidungen im geheimsten Winkel / nichtöffentlich und ohne Licht täglich bis 24 Uhr getroffen werden / in einer Szenerie / karg / mit horizontloser Tiefe / ohne Lichtquelle / ohne Licht und Schatten / durch die dritte Mauer mit Architekturdetails / der poetischen Metaphorik / endet am Rost
Chor	um es herum ist Frost.

ZOLLAMT IN PAKISTAN   1992

PERSONEN: Ekki, Ingrid, Karl

Karl	Zollamt in Pakistan /
Ingrid	zweiundvierzig Überraschungen warten /
Ekki	in der Welt der Gedanken und Gefühle, der geistigen Schwerelosigkeit /
Karl	lebt oder lebte / der Bauer hilft beim Heu einholen /

Ingrid

den Bund steppen Halsausschnitt einreihen und querziehen / reglos liegt überspielt im Bach der nasse Bildhauer / da warf er die Arbeitsgeräte aus dem Fenster / 1989 war er 50 / so müssen sie korrigieren / so ihren Blick für die Paßform / damit sie alle interessanten Details wie in einer Schule sehen können / sehr hübsch für Mädchen / eine selbstgefertigte Schablone / Lieferung in das Ausland / mit den leichten schnell am Ziel / die Reisenden sind am Bahnhof zu finden mit ihren Koffern ihren Reisetaschen ihren Plastiktüten / die

Ekki *(gleichzeitig)*

Impulsrevue 3 / der Quark / eine Vision / im großen Sack der Mühle / das Kaufhaus / das Kaufhaus wird gebaut / Trockenblume / Fragmente / Licht und Schnee / Gummifesseln / homogenisiert nicht homogenisiert / Partnachklamm und Afrika / Sie / er / Darlegungen / Grundtext / Impulsrevue / 4 Stimmen mit Krücken / Einweggebinde / Impulsrevue 7 / aber er holte Chrustschow aus der Gruft / heute holen sie ihn herauf / das sag ich dir / ein relativ zahnloser alter Herr / wir kommen sehen Höhen- und

Karl *(gleichzeitig, schnell*

als Ausdruck autonomer Mittel taucht Form auf / fliegende Übergänge zwischen wirklich und unwirklich / der Lärm der sie umgab war erstaunlich / im Preissenkungsparadies / der endgültige Zusammenbruch des Kartells / bei einem solchen Rundblick fällt auf / die Besitzerin lockte die Hunde in das Haus / die Sublimationsverfahren / das Auge erfaßt zuerst ein chaotish anmutendes Gebilde / seine umsichtige

langsam)

und bedächtige Arbeitsweise / seine komplexe Realisierungsfähigkeit / verbunden mit einer präzisen Analyse der Arbeitsergebnisse / zeigen uns einen Menschen

Ingrid

Badrun / Badrun / sei die Perle der Nacht / die Schönheit des Orients /

Ekki

wo dicke Männer raufen / die Schönheit der Nacht / die Perle des Orients /

Karl *(langsam)*

ich bin so kreativ so kreativ und leg die Wäsche auf den Stuhl /

Chor	Badrun / Badrun / Badrun Buldur / Quadrun Buldur / Badrun Buldur / Quadrun / Quadrun /
Karl	ich bin so aktiv und so kreativ / so kreativ / ich reinige das Flusensieb /
Chor	Quadrun / Badrun /
Karl	ich hab jetzt den Flusentrieb / ich bin so kreativ so kreativ / ich male aktiv / mit Sikativ /
Chor	Badrun / Badrun /
Karl	siehst du den pasteurisierenden Hubschrauber / so kreativ / so kreativ / kreativ /
Chor	das Rotorblatt rotiert /
Karl	ich bin so kreativ / so kreativ / der Rotor wird passiert / das Passat was da /
Chor *(nach 3 Sekunden)*	passiert /
Ingrid	Badrun / Badrun / Quadrun / ich bin so kreativ / ich bin quitschisiert / und leg die Wäsche auf den Stuhl /
Ekki	so aktiv / so aktiv / so aktiv /
Karl *(einfallend)*	siehst du den pasteurisierenden Hubschrauber /
Ekki	ich hab mich so gewöhnt / so gewöhnt so gewöhnt so gewöhnt /
Ingrid *(einfallend)*	siehst du den Rotor / er rotiert / der Hubschrauber pasteurisiert / ich hab mich nie frisiert / ich bin fritiert
Karl *(langsam)*	so aktiv und so kreativ / passiert / ich hab mich so gewöhnt / und leg die Wäsche auf den Stuhl /
Ingrid	Badrun / Quadrun / ich reinige das Flusensieb mit Flusentrieb /
Ekki	ob auf Vorder- oder Rückseite auf Flach- oder Halbflachglas oder Spiegelprodukte oder dekorierte Gegenstände oder das Abziehbild oder Flaschen und Trinkbecher und Krüge und Ampullen und Stifte und Frontblenden und Schilder und Trichter /
Karl	kreativ / so kreativ / ich schütte das Wasser auf den Tisch / so gewöhnt / so gewöhnt / ich hab mich so gewöhnt ...

Ekki, Karl	Badrun / Badrun / Quadrun / Quadrun / Badrun ...
Ingrid	ich bin fritiert / bin frisiert / bin homogenisiert / bin quitschisiert / so gewöhnt / so gewöhnt / so gewöhnt / so aktiv / so kreativ / so kreativ /
Ekki	ich war in Konstantinopel und hab mich so gewöhnt / so gewöhnt / so kreativ / so kreativ /

Während des folgenden Monologs imitieren Ekki und Karl Vögel, Wind und Knacken.

Ingrid	Aus dem Wald kamen Trompetenklänge. Im Nebel war es schwierig den Ort der Entstehung dieser Klänge zu lokalisieren. Aber wir gingen weiter und horchten. Hinter uns kamen, uns überholend, ständig Menschen, auch mit Kindern. Wir gingen weiter um einige Kurven aufwärts, dann waren sie da, die Trompeten mitten im Gebirge.
Chor *(ernst, nach 3 Sekunden)*	Der bewußt und überzeugt arbeitet / ein perfekter Rundlauf

5 Sekunden Pause

Una / dona / seina / pfropfa.

Pause.
Alle halten 6 Sekunden den Mund offen.
Ende.

DÄNISCHE HOCHSEEFISCHERAKTION
BELGISCHE IM REIBUNGSLOSEN
STRASSENVERKEHR   1992

PERSONEN: Ekki, Karl

Teil 1

Ekki	Dänische Hochseefischeraktion
Karl	belgische im reibungslosen Straßenverkehr
Chor *(schnell)*	Hochseefischer im Straßenverkehr reibungslos / das versteht er nicht mehr / er liegt im Meer / im Meer / den Fischen gefällt
Karl	das sehr / knochenstärkendes Kalzium und hochwertiges Eiweiß
Ekki	es ist gewesen eine grausame Mär vom Meer / Quantanamera Rochen haben ihn gegessen jeder hat ihn vergessen er kam zum Grund über ihm schwebt sein toter Hund tief unten auf dem Grund ist es still
Karl	der Rock / wie das Glatteis / der Kakadu / das Traggestell / als Zollamt in Pakistan / als kleine Maschine / als armes Obst im Kühlschrank / als Selbstschutzmechanismus der dann dröhnt dumpf und anstoßend / als Hochseefischer in Aktion dänisch oder belgisch
Ekki	*wann ist Fisch gar?* *Das zarte Fischfleisch muß immer in gleichsam zarter Hitze gegart werden, ob Sie es nun dünsten, braten, grillen oder fritieren. In sprudelndem Wasser gekocht zu werden, nimmt jeder Fisch übel: er zerfällt! Fisch also immer nur leicht sieden oder köcheln lassen. Fisch braucht nicht nur wenig Hitze, sondern auch noch wenig Zeit zum Garen - eigentlich ein wahrer Freund der Hausfrau! Falls Sie bei einzelnen Rezepten nicht ganz sicher sind, ob die angegebene Zeit ausreicht oder auch schon zu reichlich ist, können Sie auch beim Fisch eine Garprobe machen. Sie versuchen vorsichtig, ob sich die Rückenflosse leicht herausziehen läßt. Tut sie´s, ist er gar. Das trifft auch zu, wenn sich - man probiert das am besten mit einem Messer in Kopfnähe.*
Karl	Wir kamen in die Nähe des Hauses, das war schon zu sehen, ja da, das da durch die Bäume zu sehen war / ja das war es. Es ist aus Holz gebaut, aus hellem gelblichen und stand schön umwachsen vom Grün der Gräser, Büsche und Bäume, länglich und einstöckig. Der Eingang war auf der Vorderseite. Wir kamen direkt vom Garten in den ersten Raum des Hauses. Da saß des Fischers Frau und flickte ein Schlauchboot.

Pause

Am liebsten hätte ich ihm Fotzen reingehaut / kramt der die Doktorarbeit vom Onkel Theodor heraus / mit der Beurteilung und sagt: / So gut war die nun auch wieder nicht. / Aber er, / was hat er geschrieben, / da haben sie ihn abgelehnt, / seinen Doktor hat er schon bekommen / aber in Cottbus ist er nicht an die Schule gekommen. / So schaut das aus. / Aber er, / den Onkel Theodor schlecht machen, / nach 85 Jahren / wo der doch bei seinen Patienten so beliebt war / und noch dazu ein guter Arzt / der konnte was. / Der war Schiffsarzt, / aber in einer Zeit, wo noch keiner / keiner von uns / auch er nicht / nicht einmal später / so weit herumgekommen ist. / Er führt ja heute nur noch Monologe / den ganzen Tag.
Da sitzt er nun da in seinem Sessel / den das Dorle und die Helga zwei mal in der Woche staubsaugen. / Da sagt der noch: Die reden mit mir wenig. Die kennen doch schon lange seinen Schmarrn / den ja, das darfst du glauben, aber den Theodor / den Dr. Theodor, den nicht. / Die wissen ja gar nicht, was damals los war, wie er nach dem Tod vom Theodor sein Haus in Harlaching / in Harlaching war das, das kann ja keiner mehr heute kaufen / verkauft hat. / Dann sagt er, nachdem er nach 30 Jahren ein, / sein Reihenhaus gekauft hat / was ja nur ein Zehntel vom Haus vom Theodor / ist: / Jetzt habe ich den Fehler von damals gut gemacht, ich kann mir auch ein Haus kaufen. / So blöd ist der.

Ekki	Suppe in den Ozean
Karl	die See ist grau
Ekki	der Teller geht an Deck
Karl	in der linken Hand / in der rechten
Ekki	den Suppenlöffel / geht an die Reling
Karl	ran / bei Seegang / und schüttet die
Ekki	Suppe über Bord in das Meer /
Karl	da ist sie nun drin und schwimmt mit
Chor	zurück durch die Luke in den Schrank / wo alle Teller sind / grau ist der Himmel über dem Westend / die Eisdiele hat zu / Linsen schwimmen im Atlantik / es komt der Wind mit Suppe drin auf uns / an uns vorbei / die Taube bringt den Brief
Karl	geheimnisvoll von hier die Handlung war

ca. 10 Minuten Pause

Teil 2

Chor (singt langsam,
gleichmäßig)

Fische schwimmen hin und her
im Meer / im Meer / im Meer /
von oben bis zum Grund
von Norden nach Süden
von Westen nach Osten
oder durcheinander
in vielen Richtungen
auf ab / auf ab / auf ab /
hin / her hin her / hin her /
oder legen sich schlafen auf einen Stein
oder unter einen Stein und das alles im Wasser
dem Meer
schwimmen hin und her
auch tief unten sind sie
auch ganz tief unten
im Meer im Meer
sie legen sich schlafen im Meer
ein Hochseefischer kommt dort selten hin
der mag das nicht
der fischt nur hin und her hin und her

Karl (dazwischen)

doing doing doing ...

Chor (weiter)

sogar im Eismeer
er schläft auf seinem Schiff
in seiner Koje drin
das ist schwer
und das im Meer
er kennt sein Meer
mit Fischen drin
die Fische mögen ihn schon lange nicht mehr

Karl (dazwischen)

du du du ...

Chor (weiter

aber er ist auf dem Meer
das stört die Fische sehr
eigentlich brauchen sie ihn nicht mehr

durcheinander

aber er ja er sie schon
darum mögen sie ihn nicht

lang)

nicht einmal sehr

Karl (langsam, laut
und ernst

der Fischer fuhr hinaus
er verließ vorher sein Haus
und warf auf dem Meer die Netze aus

bedeutungsvoll

was wurde aus ihm
da er heraus aus dem Haus
er liegt am Grund
über ihm schwimmt sein toter Hund
des Rochen Schlund aß sein Bein
es war ein Pfund.
Der Pastor spricht:
Der Fischer das war ein Mann
er zog aus auf Fang

Jetzt liegt er auf dem Grund
bei seinen Fischen an diesem ungeliebten Ort
wo er nicht verdorrt.

Während des letzten Monologs wird folgender Text einge-
blendet:

Ekki *(eingeblendet)*	Du sollst drei, vier so Dinger bringen, dann weiß ich ja, was dann kommt. Und das Ganze, was ist mit dem. Ich kann ja nicht so klein sein wie das Kleine. Wir hineingeboren um zu leben wie ein Greisenpaar in der Höhle, wo der Apotheker auf der anderen Straßenseite die Läden schließt und die Gift-schlangen in das Schaufenster stellt. Noch wochenlang sollen die modernen Schlangen von der Macht des greisen Apothekers Zeugnis geben, einschließlich Schaltungen und Kleidungsstücken, wo wir nur einstimmen können.
Ekki	Dänische und belgische Hochsefischer im Straßenverkehr singen reibungslos
Chor *(singt langsam und hoch*	das versteht er nicht mehr / er liegt im Meer im Meer den Fischen gefällt das sehr / das Bein ihn nicht mehr sticht
langsam, gleich-mäßig, auskosten	er hatte doch die Gicht der Fischer ist so allein das Bein das Bein das Bein
spricht langsam und exakt	ihn nicht mehr sticht er hatte doch die Gicht der Rochen Jochen aß alles bis auf die Knochen Rochen sie kommen bis zum Grund und essen von deinem Bein ein Pfund
singt schön	dem Rochen Jochen war so schlecht von den Knochen
spricht	der tote Hund sah auch nicht gut aus
singt	des Fischers Bein brachte ihm den Graus jetzt denkt / Rochen / Jochen / ist es aus und spuckt die Knochen aus
ganz langsam)	ganz tief / unten im Meer im Meer im Meer im Meer.

DRÜCKEN SIE DEN ARM / ALARM   1993
SPRECH- UND GESANGSTÜCK

PERSONEN: Ekki, Ingrid, Karl

Ekki	Drücken Sie den Arm / Alarm Sprech- und Gesangsstück gewidmet unseren Freunden
	Ekki, Ingrid, Karl beginnen gleichzeitig.
Ingrid	ich gehe zur Türe / die Winterreifen sind schon wieder nicht verkauft / wieder runter in den Keller mit den Winterreifen / schau dir den an drückt er die Normalisierung der Winterreifen oder die / die Gummiverkauf am Langen Samstag wollen / sollen die da nicht greifen
Ekki *(leise)*	drücken Sie mehrmals / nervenähnliche Verbindungswege in dir / die Ergebnisse werden für sich sprechen / Donrio macht Ekki froh / gibt es eine Rolle um auf mögliche Veränderungen zu achten / ja großformatig die Postkarte / ein Aufmunterungsprogramm / Donrio macht Inge froh / es führt dich / du bist froh durch Donrio / mit verschiedenen Knopfdrücken zu Verbindungswegen zu dir wenn du du bist gut sagst drückts am Arm / Alarm
Karl	das Handtuch wird über den Kopf gelegt. Vorher wurde das kochende Wasser in die Schüssel geschüttet, in der die Kräuter liegen, die noch vor dem Wasser, vorher, hineingeschüttet wurden.
Ekki	Donrio macht Menschen froh
Karl	Dampf steigt auf, das Handtuch beläßt den Dampf, in dem
Ekki	Donrio macht Ute froh
Karl	vom Handtuch begrenzten Raum.
Ekki	Donrio macht Martin froh
Karl	heiß ist es drinnen / ätherische Öle aus den Kräutern lösen sich / der Atem saust / der Dampf dringt ein, mit den in ihm gelösten Ölen.
Chor	Pasing / am Knie / Landsbergerstraße / stadtauswärts / ein / Hochhaus / und kleine Häuser / Straßenbahn / Autos / mehrspurig / je / nach / Verkehrsaufkommen / belebt /
(infantil)	ille print temps / spring der Frühling ist da

die Vögel sind auch schon da
die Blumen sind auch da
da ist ein Igel da
der Schnee ist nicht mehr da
das Eis ist weg
der Puppe geht es gut
sie liegt in der Sonne
da kommen alle
alle sind da
der Frühling ist da
da die Leute da gehen da spazieren
sie sind da
da die Hunde laufen da
die Kinder lachen da
da ganz laut da
der Frühling ist da
die Schafe sind auch da
die Schneeglöckchen ja ui ui ui ...

Ingrid *(singt, Ekki*
und Karl summen
leise mit)

Schon naht die Todesstunde
ewige Ruh winkt dir
oh teure Laura, du sollst nicht sterben,
gedenke mein, denn all mein sehnen ist bei dir.
Wie sollte ich dein nicht denken?
Oh du mein Alles, du mein Glück, du meine Lust.

Ekki, Karl *(fallen*
gräßlich singend ein)

Oh teuere Laura, du sollst nicht sterben,
gedenke mein, denn all mein sehnen ist bei dir.
Wie sollte ich dein nicht denken, oh du meine
Sehnsucht, du meine Lust.

Inferno / der abstrusesten Nudisten /
Inferno / der Tabus /
Inferno / der Organe /
Inferno / der Einfarbigkeit /
Inferno / der Geborgen
Inferno / der Mysterien
Inferno / Inferno / Infern
doch wer bin ich /
in 5 Jahren werden sie den S Goldene / als erste
Qualität finden /

Chor *(flüstert*

ein

ein Kinderwagen

ein Kinderwa

ein Kinderwag

ein Kinderwagen

ein Kinderwagen vorbeigeschoben vor

ein Kinderwagen vorbeigeschoben vor Hecken das

ein Kinderwagen vorbeigeschoben vor Hecken das Kind

ein Kinderwagen wird vorbeigeschoben vor Hecken das Kind

das

ein Kinderwagen wird vorbeigeschoben vor Hecken das Kind

das darin

ein Kinderwagen wird vorbeigeschoben vor Hecken das Kind

das darin liegt

ein Kinderwagen wird vorbeigeschoben vor Hecken das Kind

das darin liegt schläft

83

ICH KOMPOSTIERE ELEKTRISCH

PERSONEN: Annette (Harfe), Ekk[...] ngrid, Karl, Philipp

Musik

Chor *(sehr leise, wird allmählich lauter)*	blubb / blubb / blubb / blubb / [...]bb / blubb / blubb / blubb / blubb / blubb / blubb / [...]ub / blubb / blubb / blubb / blubb / blubb / blubb /
Karl *(nach ca. 2 Minuten)*	ich kompostiere elektrisch.
Chor	Jummi Jummi Jummi Jummi Jum[...] ummi Jummi Jummi Jummi Jummi Jummi Jummi Jum[...] ummi Jummi Jummi Jummi Jummi Jummi Jummi ...
	Pause
Ingrid	Radiergummi Jummi Jummi
Karl	das Gummihaar Magma war.
	Pause
Chor	Jummi Jummi Jummi Jummi Jum[...] Jummi Jummi Jummi Jummi Jummi Jummi Jummi Jum[...] ummi Jummi Jummi Jummi Jummi Jummi Jummi ...
Karl *(während der Chor im Hintergrund weiterspricht)*	das Gummihaar Magma war / im Flächenstaat großgezogen mi[...] offeln / gekauft / gekocht / glatt gesc[...] / jetzt / Kartoffelsalat im Flächenstaat / [...]
	3 Sekunden Pause, dann Musik: Wellen
Chor *(Kanon*	im Anschluß / findet der Gefun[...] / nach kurzer Pause findet wie geplant im Anschluß [...] Gefundene nach kurzer Pause / im Anschluß / findet d[...] efundene / nach kurzer Pause findet wie geplant im Ans[...]ß / der Gefundene nach kurzer Pause / im Anschluß / [...] der Gefundene / nach kurzer Pause findet wie geplant [...] schluß / der Gefunde- ne nach kurzer Pause /
synchron)	im Anschluß / findet der Gefundene [...] zer Pause findet wie geplant im Anschluß / de[...] undene nach kurzer Pause ... Jummi Jummi Jummi Jummi Jum[...] Jummi Jummi Jummi Jummi Jummi Jummi Jummi Ju[...] Jummi Jummi Jummi Jummi Jummi Jummi Jummi ...
Ekki *(während der*	da / du

Chor im Hintergrund
weiterspricht)

verwaister Kartoffelsalat /
vergessen bist du /
jetzt als Rest
auf dem Teller
trocknest
noch schneller /
morgen krustest du schon auf dem Teller /

durch Magma wirst du gaga
mit Supermagma
supergaga
gaga
top Magma
top gaga
Supermagma
supergaga
gaga
top Magma
top gaga
Supermagma
supergaga

Chor *(rhythmisch*
versetzt)

brauchst du Magma
Ali Baba trink
brauchst d
Ali Baba tr

Ingrid *(während der*
Chor im Hintergrund
weiterspricht)

Gurken mit verwaistem Kartoffelsalat / verwaiste Gurke /
Bruder Schwester tot / Vater Mutter auch / Autos fahren /
wie immer / Flugzeuge fliegen / wie immer / Züge / ja die
Bahn / wie immer / Radfahrer fahren / wie immer /
Gurken / wie immer / Taxi / wie immer / wenn´s wieder
brennt / wie immer / Gurken / wie immer / Erbsen / wie

67

EREIGNISHAFTE VERMEHRUNG 1994
Flüsterstück

PERSONEN: Ingrid, Karl

Ingrid (*laut*) Rastlos umher flüchtet / ereignishafte Vermehrung / vollzieht / unentwegt / eingekapselt / die / lexikale Ebene /

Karl (*laut*) 300 Mediziner warten mit Doppelcharakter im schwarzen Gewand, jeder mit Bart und erhobenen Händen. Die so Gesehenen zeugten ein schwarzes Kind mit weißer Haut. Die 300 Mediziner warteten auf weiße Haut, auf die Haut mit Doppelcharakter. Sie stehen vor dem Himmel mit erhobenen Händen, mit ihren langen schwarzen Bärten.

(*flüstert*) In 5 Jahren werden sie den Schatz / die Goldader / als e... ... ...tät finden /

wir sagen

Chor (*flüstert*) es ist so we...
...in Strüm... ...zu empfehlen, weder regional
noch überkonting... ...wir weiterhin Präser...
zusammentragen...
die Übriggebliebenen...
hüllendem Rauch / die...
holung sind dann nur noch / die Nudeln /

Ingrid (*laut*) darum bitten wir / die verschmutzten N...

Chor (*flüstert*) in Tonnen be... zu stellen / die ...bholun...
einhalten / ...den gesond... ...geben / da d...
Menge /
der anfall... ...ielmenge ... ...erminierung
...mindert /

Karl (*flüstert*) Sus...

Ingrid (*flüstert*) ...en Vorgang /

Karl (*flüstert*)
...schw... ...n in Flaschen
...nn... ...heraus /
Inferno / ...weiß... blaß /
Inferno / du Moloch
Inferno / du verschlingender Strudel /
Inferno / der Tonnen mit Nudeln /
Inferno / der Geschichte /
Inferno / der Mysterien /
Inferno / der allerkomplexesten /

1995

PERSONEN: Ekki, Ingrid, Karl, Philipp

Karl initiiert eine Posaune.

Karl .... er bitte melden /
Knack... bitte melden /
Eldorado m... olz /
Mart.... die K... str... /
gü.... er Portomanist /
di.... zenräumen /
.... Texte... icht Philipp tut / tut / tut...
.... Ekki besetzt / besetzt / besetzt / ...

Karl Jetzt reden sie immer noch /
furchtbar ...
20 ... /
... nsinnig / wahr...
.... reiben /
... und besetzt / besetzt / besetzt / *hört auf.*

Karl ....okoladenseite mit ergriffenen Schritten
.... / eilend in den Haupthuhnländern / Frank-
.... / Belgien und Deutschland / acht Millionen
.... egel / 300 Eier knabbern im Jahr der
.... süße Unkenntnis / hängender Patent-
.... empfohlen /

Ingrid ...ist eine Ohrfeige für die Verantwortlichen /

Philipp .... schwerer Fehler /

Ekki ... aus der Schußlinie /
.... jährlich ins Nest /

Karl ...üre es / das Ei es ist eine undurchsichtige Sache /
....rozeß im Braunstein / in Kaltgelb / gründlich / ein
.... render Klecks / ...
.... hohen Tem... im Juli und August haben ihn
.... lassen /
... er bei dem es dir alles rausreißt /
.... igner / ja / ja so ist das /

Ingrid ... auf das Fahrrad / das ist die / 385
.... / die Sicherung wird getragen von-
.... und Untergriff /

87

VENTIL VENTIL 1994

PER... Ingrid, Karl

...ren einen Kontra...

...ene / Cola / Wie...
...oo / Hoda / bada...

In... och und laut,
wa... die anderen
wie... nen Kontra-
baß... eren)

den Bund steppen Halsausschnitt einreihen und q...ziehen /
reglos liegt überspielt im Bach der naße Bildhauer / da warf
er die Arbeitsgeräte... dem Fenster / 1989 waren es
fü...ig / so müss... sie korrigieren
...den ...ergen sin... das Kolibri

*Während der folgenden ...exte imitieren Ekki und Karl eine
...osaune.*

Ingrid

Ve...
Ve...
Ve...
Ve...
Ve...
Veh...
Ven...
Man...
Ve... ais...
Ventile ...warten
Ventile ...hlen
Ventile brauchen
...chen
...assen
...passen
...e fassen
...e reichen

Karl (während Text
und Violinen-Imita-
tion im Hintergrund
leise weitergehen)

...der Meinu...
...ristalle exak... / beweisen
...sind Kri...
...istung m...
Kri...le und Ventile ...gu...
...entil ...m Ventil Ventil.
...entile und Kristalle arbeiten
...e und Kristalle regulieren
...d Kristalle werden um- und angepaßt
...entiltinktur
.../ Kristall de...

öffnen / schließen / dann abschließend Papier
Kristallventile zerstäuben im Ventil
Ventilventilatoren zischen / im Ventil regulieren Alarm /
verteilen Fein- und Feinstpapier / herausragende Kenntnisse
regulieren / Ventile und Kristalle /
Ventil / Ventil es drückt /
Kristall / Kristall du bist überall

Chor *(mit Zisch-*
lauten

Ventile pleifen
Ventile schleifen
Ventile liegen
Ventile biegen
Ventile gehen
Ventile stehen
Ventile kommen
Ventile wohnen

singt)

standen all auf der Totenliste
der Suff und der Satan brach sie u
Jo / od und nee eschen um

Chor *(langsam, Kanon)*

mit ihnen allesamt / allesamt / mit allesamt / der alten /
allesamt / mit einem der überhaupt / allesamt /
den Karl den alten / allesamt / die Wiederentdeckung /
allesamt beglückt / unvermutet / allesamt / die drei /
allesamt / verbunden vom Dreißigjährigen Krieg /
allesamt / eng verbunden / in der dritten Folge fortge-
setzt gilt / gilt allemal begriffen auf haben und haben /
überhaupt vor allem / allem / allesamt /
zur ackerfreude / eben erhielt ich ein Schreiben /
schreiben / ja der
begehrte hochmotorische Festst
Abschnittes als Pulver mit Dudelsa
ngen /

Phili
ßt sich der Kreis /

Bene / Bene / Bene / Bene / Bene /
Bene / ...

86

TRANSINTERKONTINENTAL 1995

PERSONEN: Ekki, Ingrid, Karl, Philipp

1 Minute Musik: Harfe, Piano und Geige.

Philipp

... / ... Obligationen /
... /
der ... ist ... ...
ohne ... / doch ... ...
... ... / ... ...
bei ... / V...

Ekki, Ingrid, Karl

ich wußte ... ... wußte ... ... es ja
/ nein ... wußte ... ich ... ... ich
wußte es ja /

Karl

was stehen ...

Ekki

hören Sie Stimmen

Karl

ja / ich höre ...

Ekki

nein / hören ...

Karl

hören Sie Stimmen ...

Ekki

ja / ich höre auch Stimmen

Karl

nein / hören Sie Stimmen ...

Ekki

hören Sie Stimmen

Karl

ja / ich höre Stimmen /
jetzt hat mich der Discount erwischt / ja der Discount / wie
die Orchideenbleiche / roh / ausgelaugt / wäßrig /
im Schlauchboot auch noch die Zellenhälle / und Preßluft
im Armaturenblock / der Entwickler im Ölsumpf /

Ekki

ich denke an John Beidler / er ohne Schußhüte / mit zwei
Hunden in Lincoln City wo sich die Türe öffnete und sich die
Werkzeugliste änderte / es könnte nicht mehr Typen gewan-
delt werden es ist auch unsinnig ...

Pause

Chor

macht nix / macht nix / macht nix /
freili / freili / freili /
gutt Kamerad / gutt / Kamerad / gutt / Kamerad /
mogst / mogst / mogst /

Pause

DECKWEISS – MISCHWEISS   1994

PERSONEN: Ingrid, Karl, Lynn

Lynn

Deckweiß - Mischweiß
wir wollen hier nicht bestreiten / daß Farbbeschreibung
einfach ist / wenige dringen in diese Materie ein / deshalb
wurde ihr von uns Aufmerksamkeit geschenkt / die Sprache
/ der Farbe ist auf unsere Augen abgestimmt / Kommunika-
tion ist gerade deshalb / als Farbsicherungssystem notwen-
dig / das zur Spezifizierung und den dazugehörigen
Toleranzen führt das Auge tolleriert / die Sprache kommuni-
ziert / Farbe als Farbe / ein Thema von Weiß bis Mischweiß
/ alles hell / Dunkles fehlt / bis Reifeninneres dunkel wird /
das sind Grundlagen für die / die wir verständlich
unterhalten

Ingrid, Lynn *(nach 4
Sekunden)*

Deckweiß / Mischweiß / Mischweiß
Deckweiß / Mischwe / Mischwe /
Deckweiß / Mischwe / Mischwe /
Deckweiß / Mischwe / Mischw /
Deckweiß / Mischwe

Karl

Gelb Violett Blau Oran

3 Sekunden Pause

Chor *(langsam, mit
verschiedenen
Stimmen)*

die hier in Kraft treten
bei allgemeinem des Vorhandenen
werden Zeit / auf des Antrag / A
in oder übernommen / gemäß /
vorhandenem tätig bereits auf Ze kürzt ist
soweit bei allgemeinem

Karl *(laut)*

Colores Dolores
In Tubo de Colores /
fresca / fritto / Que
mechores Dolores /
Ministerio todo s
mecores / mecores ischo Do m
Madera boyno Pintura mutsc de todo
bocco / nosotros
begino in Tube / grande Colores
Dolores / Colores mechores /
Resta sette

Ingrid

ich heiße Bibi
darum esse ich Kiwi
Bibi ißt Kiwi

Karl

el perfecto in todo /
mas Pasta keramico / Prozesso
el perfecto / mechores dolores
rocho / tinto / negro / mechores

todo negro todo rocho todo tinto

Lynn *(nach 2 Sekunden)*

in der Wüste von Chiwawa
die Arbeit / eine Arbeit als Arbeit gekennzeichnet ist / ist
Einrichtung der Betriebseinheit / Anfertigung der Arbeit in
der Betriebseinheit / ist Betriebseinheit verwendet / unter
Grundlage der Einrichtung mit Material / entsprechend erteilt
mit Nebenkosten die beizutragen / als Durchführung berück-
sichtigt / als daß Nebenfaktoren können bei Ende beendet.

*Während des letzten Monologs sprechen [...]nd und Karl
leise, aber unüberhörbar immer wieder [...]ein.*

Rudi Rudi
Rucksack Rudi
im Reifen Rudi
Rudi Reifen
Rudi im Reifen
Reifeninnen finster Rudi
rudi rudi
oh mein Rudi
du finsterer Reifenrudi
runder Reifenrudi
Reifen rund im [...]
Rudi radelt rund
Rudi radelt
rundum Rudi
Rudi im Reifen finster
radelt Rudi
nach Ruhpolding
Rucksackradl
Rudi rennt rum
rundum Ruhpolding
Rudi ruft nach Rettichradl
Rettich rund um Ruhpolding Rudi
radelt Rettich rundum Rettichradl
Rudi Rudi finster
Rudi mit Rettichradl
Rettichradl radeln mit Rudi
rettet Rudiradl
Rettichrudiradl
runder Reifenrudi
finsterer im Radlreifen
Rettich Rudiradl
Rucksackfinster Rettichradlrudi
oh du mein rudi
oh du mein Rudiruhpolding
Rudi im Rucksack
Rettichradl im Rucksack
rettet Rucksack Radl
Rudiradl Ruhpolding
Ramersdorf finster
Rudiradl mit Rettichradl
Rettichradl kein Reifenradl
Radlreifen innen finster

Wastl / stablet / toolet /
Wastl / wastlt / doool /
Wastl / wastlet / doool /
toolet / arm und schwer /
toolettraurig / trungrig / schwerhörig /

Philipp *(nach kurzer Pause)*

Wastl stablet doool /
Keleppen kann man nicht
verfügbar stapeln / macht vor mir n
mich so nervös /
Nerven stapeln / doool /
das ist eine anstrengende Reise
da knackt es so / das grimm
an in drum / bis zu den Kele
je
Ner Neuaus schon so nerv macht die /
Hauben der gen es vos / mit de vösen Nerven /
mich auch Fagott mich auch / lets doool ich bin /
schon Wastl /
ein Fagott / alles kla m Bremsen läufte vor /
beim zurück / Fagott /

Karl

Chor *(versetzt)*

90

SO SOLL EIN SPRECHSTÜCK ERKLINGEN

1995

...NEN: Ekki, Hans (Keyboard), Ingrid, Karl

Musik: ...die *"Lenzuolo".*
Nach ca. ... Minute setzt der Chor ein.

Chor *(singt)*   Lenzuolo... torella
Dene We... Bane Pane / Wene Bene Balle Do
Vine Gan... ne Bane Cola Sola Elle Bola

Ingrid, Karl *(flüstern)*   es ist sow... / es ist soweit /
...mpfen sind nicht zu empfehlen weder regional
...mental / täglich werden wir weiterhin Erbsen
...den die den Totalausverkauf auslösen /
...obenen werden wir einschmelzen mit um-
...uch / die Probleme der Anlieferung und Ab-
...nn nur noch / die Nudeln

Karl   ...derb / und / unverfroren /

Ingrid *(la...)*   ... / ba / ba / ba / ba / ba

          roh / roh / roh / roh /

          Preßluft im Armaturenblock /
          ba / ba / ba / ba / ba / ba /

          kraß ohne Feinsinn / penetrant / roh / ... zogen / abrupt
          / ohne Feinsinn / derb und spontan /

...   Preßluft im Armaturenblock in schneller Bewegung keine
          Bewegung / lautlos lauter Menschen keine lautlose
          Bewegung halt

...   und wieder geht...

...   lautlos keine Bewegung keine lautlose Bewegung halt
          Menschen lautlos / keine Bewegung keine lautlose
          Bewegung keine lautlose Preßluft
          ba / ba / ba / ba / ba / ba /
          abrupt ohne Feinsinn /
          ...eht sich roh und unverfroren penetranter Veränderung /
          ba / ba / ba / ba / ba / ba / ba /
          ...roh / roh / roh / roh /
          Verdrängung schmal unverfroren / graut / faltet / graut
          graut / Diät und Honig in Brühe / Gurke in Lauge /
          ba / ba / ba / ba / ba / ba / ba / ba / ba / ba /

          Musik

Ekki   immer dieses ba / ba / ba / ba / ba / ba / ba / ...

da auch er feuerfing /
jetzt gings zum Himmel hin /
alles bis auf Düse feuerfing
das Triebwerk hin / da alles feuerfing /
auch Tomate durch die Düse ging /
da sie feuerfing in Düse drin /
porentiefe sommersprossige Haut in Triebwerk /
in Düse feuerfing /
sie hing dort drin / zum Himmel sie ging /
natürlich sie feuerfing / aber flexibel sie zum feuerging /
in Triebwerk mit Düse drin /
die Haut am Himmel hing /

Ingrid (*mit innerer Stimme*)

Kart (*schnell*)

wo kommt Tomate hin / ab Feldafing mit in Düse drin /

wo Honig fe...ng und Triebwerk ging /
das feuergin...ch Feldafing /
Düse im Trie...rk hing und schon wieder feuerfing /
Sterne drin / ...feuerfing / Düse drin
im feuerfing - ...erfing

Der letzte Mon...og ist mit folgende... Text unterlegt:

Ekki

Die sommerspr...sige
melodiöse
Bauernhaut
Bauernhaut
faltenporentief
nach Rosen duftend...
apfelglatte
in der Dunkelheit
kapriziös
die dunklen Tannen...
im Licht der Süße
ein Skelett von Möglich...
ein stummer Hund ...
schaut herum
er bewacht Haus und Hof
um
Karthum
herum
f...
d... ...Bauernhau
e... ...hund...wa...
v... ...wa...
s...
R... ...ti...
ei... ...strich
be... ...hälter
sü...
fal...
apfelglatt
apfelglatt geschleu...
die porige Bauernh... ...apfelgla...
tannengrün
Porzellan

Ingrid (nach 4
Sekunden).

alles wiederholt sie... L...
ewig is...nur die Ph...asie...
was si... nirgends... begi...
das vo...et nie /

79

Ekki, Karl

so soll ein Kind... Keller verlass...
...kra... der b... ...herfahren /
ba ... ... ba / ba /
...das ist zwischen ...brochen und w... ...zeic...
...wei... ...elle...le ...gesteuer... w... ...tiefge...
Sa...

...konspirative Dehn... ...ngen /
bla / bla / bla / bl...

von

WUNDERSAM / WUNDERSAM / WUNDERSAM
TEIL 3   1993

PERSONEN: Ekki, Ingrid, Karl

Ekki und Ingrid summen.

Karl	Wundersam / Wundersam Teil 3 / Wundersam war in Stuttgart / und Rohrbach / und jetzt Kloster Fürstenfeld Haus 10 / und wundersam und noch immer wundersam und und und wer macht denn so was und er baute und wundersam im Winter den Tauchsieder in die Ölwanne seines Autos / und / und brannte ab
Ekki	und wenn du etwas schenken willst / mir / und / mußt du / und still sein /
Ingrid	und er denkt / und wundersam / und wie immer / und wissenschaftlich

5 Sekunden Pause

Chor *(forsch, langsam*	Pasing / und / am / Knie / und / Landsbergerstraße / und / stadtauswärts / und / ein / und / Hochhaus / und / kleine / und / Häuser / und / Straßenbahn / und / Autos / und / mehrspurig / und / je / und / nach / und / Verkehrsaufkommen / und / Zungen / und / Gurken / und / Einzeller / und / von / und / Martin / und / Dessecker
mit Zwergenstimme, hoch, langsam	wundersam lange lebten wir schon hier mit sechs kostbaren Perlen diese wohlklingenden Stimmen wo es Freude gibt Brezenkinder kaufen ungestreifte Zebras und gratulieren mit 15 Liter Edelsteinen höre sie in deinem Herzen / Rosa / Rudi / Alexandra / ein Gewächsherz in blauen Bergen dieses komplizierte Gebilde der Belichter der Wischerblitz.
singt, tief	Lenzuolo Pastorella Dene Wene Gane Pane / Wene Bene Balle Do
hoch)	Vine Gane Bune Bane Cola Sola Elle Bola
Ingrid	wir sind alle Menschen / sagten die Königin und der König und sprachen feierlich / entn aum / obn ummen / entn eun / dann ließen sie kraftlos die Hände einstehen / sie setzten sich auf den Thron / wie auf hohe blaue Berge / das weiße Kleid hängt am Haken in dem Königreich / in dem wir hier sind / das Wasser verfärbte sich sofort grünlich / da bekennt sich keiner / nur noch der Kettenhund und die Schwalben / diese armen Tiere / aber man hatte doch rechtzeitig gewarnt / alle sagten / er dürfe das nicht tun / man kann des Guten auch zu viel bekommen /

das gefällt mir / sagte der alte König / erbaulich / erbaulich / die Königin jedoch sagte / Es knackst so seltsam in
mir / dort hinein kommst du nie / herrliche Gedanken /
glatte Stirn weiß / diese sollen alle Menschen kennen / und
und / sieht Ofen schön aus im Kellergeschoß /
wieder alle versammelten sich im Hof und sahen / wie sie in
das Auto stiegen /
Die Faszination von Kraft / der / des / diesen 100-PS-
Motors / ich bin frisiert / bin fritiert / bin juriert / bin
homogenisiert / bin quitschisiert. /
(5 Sekunden Pause)
Da lag die Königin / verborgen / aber nicht vergessen /
und küßte behutsam die zarten Blütenblätter / der König er-
schrak sehr und mit ihm die Königin /
im Gegensatz funktionierende Lautsprecher / kurzfristig ver-
antwortlich / jedoch im Moment reduziert /

Ekki, Karl *(mit*
Zwergenstimme,
langsam, hoch, Silbe
für Silbe, schrullig

Die Sprecherin als Bauwesen in der Landschaft / zu einer
Dimension in Organisation / irritierend als Ausflugsfahrt /
den / der sich bezeichnet hatte / der wurde erlassen /
Vertraute / tief verletzt / eine Heimatstadt ist auch eine For-
derung / sie setzten sich wieder auf den Thron / wieder wie
auf hohe und blaue Berge

schnell)

die Wolken regnen es / da die gesamten Forderungen nicht
kurzfristig umzusetzen sind da nicht so schnell empfohlen
werden ist das
die Wolken regnen es / da die gesamten Forderungen nicht
kurzfristig umzusetzen sind da nicht so schnell empfohlen
werden ist das
die Wolken regnen es / da die gesamten Forderungen nicht
kurzfristig umzusetzen sind da nicht so schnell empfohlen
werden ist das

Karl

Reifen drehen / soll das rauschen / sie hat naß / ein Regen
/ die Brücke / Wind und Reifen trocknen / dreht Reifen ein
/ einsteigen / sie nützen / soll drehen rauschen / wenn Akt
ist nackt /

Chor *(singt*

Lenzuolo Pastorella
Dene Wene Gane Pane Wene Bene
Balle Do

hoch

Vine Gane Bune Bane Cola Sola Elle Bola

tief)

Wele Kala Ola Tola Mene Cola Ola Bola *(lang)*

FÜHRER DURCH DIE NACHT   1993
SCHNELLSPRECHSTÜCK

PERSONEN: Hans (Keyboard), Karl, Philipp

Hans: Musik

Nach 6 Sekunden setzt der Chor ein, die Musik spielt weiter.
Die folgenden zwei Texte werden gleichzeitig von Karl und
Philipp vorgetragen.

Karl *(schnell, laut)*

Monopol mit Löchern / illusionistischer Kram / wie Tomaten
/ das heißt wie das Wasser aus Holland / auch Gurken /
auch der Salat / auch das muß alles getragen werden /
Salat um Salat / Blatt um Blatt / Gurke um Gurke / Tomate
um Tomate / rollen das geht nicht / vielleicht bei den
Tomaten / aber auf der

Philipp *(gleichzeitig, schnell, laut)*

Straße rollen / oder der Autobahn / das ist keine Frage /
über Tausende von Kilometern / das hält ja keine Frucht aus
/ kein Gewächs / essen sollen wir es ja auch noch / und
schön aussehen soll es / da wir ja auch mit den Augen essen / und die Kunden im Geschäft / ob die bei gerollten Le-
bensmitteln /

Karl *(nach 4 Sekunden, langsam)*

vorausblickend und rückblickend / die Fixlinie / die das
durchaus zu Recht trägt / die aufgeschüttete Fixlinie / die
nicht hoch genug eingeschätzt werden kann / die das durchaus zu Recht trägt / die sonneneingestrahlte Fixlinie / die
das durchaus / wirklich durchaus zu Recht trägt / das heißt
/ wenn es spezifisch aufgewendet werden soll / zusammen-
fassend / sei die Lage so / daß es zum Vorschein bringt /
ein objektivierbares Verfahren / das das durchaus zu Recht
trägt / ob am Tage oder in der Nacht / tragen mit Recht /
hineingeschüttet / sonneneingestrahlte / rückblickend und
durchaus / vorausschauend aber vertraulich / ganz vertraulich / daß viele Räume unumgänglich der Weigerung / Miß-
verständnisse genehmigt / mit Flöte den Vortrag genehmi-
gen / aufgetreten sind / wir / anstelle Absatz 2 mit Absatz
1 / vertraulich / vertauscht /

Hans: Ton (Arabeske)

Philipp *(nach 4 Sekunden)*

lange warten / hinter ihm / die offenstehende Türe /
Hände / seine beiden an den Schultern / rechts / geradeaus links / oben schräg / geradeaus oben / der / Fernverkehr /

3 Sekunden Pause

<u>Chor</u>

jetzt 21 Uhr *(3 Sekunden Pause)* einstimig

Karl *(nach 3 Sekunden)*

diese Zeichen / diese Idee / die Revitalität / die größte
Lösung neu ganz neu überdacht / das Auffangnetz

Innovation / die Umstellung / bewältigen es / Barren oder Münzen /

Hans: Ton (monochrome Fläche)

Philipp *(nach 10 Sekunden, langsam)*

der ist aktiv geworden / er ahnt den technischen Apparat / den er Stück um Stück ausbaut / herholen bei Bedarf / die Möglichkeit füllt aus die die ganze Seite /

Hans: Trompeten-Ton (14 Sekunden)

Chor *(spielerisch locker, wird schneller, komisch*

laut, schnell im Gleichlang)

auf oder um / auf oder umgeschüttet / auf auf / oder umgeschüttet / lange warten / über ihm der Fernverkehr / lange warten / im Rücken die geöffnete Türe / die Hände an beiden Armen / beide Arme an beiden Schultern / einstimmig es ist 21 Uhr / über ihm der Fernverkehr / die Grundlage / Fixlinie.
Brieftext ohne Briefmarke / Luft ohne Staub / Barren keine Münze / Bild ohne Rahmen / Inpond kein Ende / Wasser ohne Leitung / Stücke ohne Ganzes / Geschwafel ohne Sinn / Kaufhaus ohne Haus / Sitzung ohne Ergebnis / Straße ohne Straße / Auto ohne Reifen / Hemd ohne Hemd / Tisch ohne Beine / Baum ohne Baum / Freising ohne Asamsaal / Vogel ohne Vogel

Philipp

bist du nachts auf der Autobahn bist du arm dran / blub - er sie ist da

Hans: Musik (Punkte)

Karl

im Zusammenhang stehen Punkte / es ging langsam los sehr verstreut / sie waren etwas versteckt / Markierung / es gab Punkte weiter / schwarze / weiße / rote / gelbe bis zu Tausenden / wieder weitere Punkte / überall waren sie nach 50 Jahren / aus Punkten wurden Kürbisse / sie waren Punkt für Punkt da /

Philipp

es war furchtbar / beim Sturz hatten sich im Rucksack einige Bierflaschen geöffnet /

Chor *(quakt, Breitmaulfrosch)*

bräckfäst / vergotttet / fast / roast quag zigaarraa morrow
bräckfäst / vergotttet / fast / roast quag zigaarraa morrow
bräckfäst / vergotttet / fast / roast quag zigaarraa morrow
bräckfäst / vergotttet / fast / roast quag zigaarraa morrow
...

mit Zwergenstimme, hoch, langsam, verständlich

wundersam lange lebten wir schon hier mit sechs kostbaren Perlen diese wohlklingenden Stimmen wo es Freude gibt Brezenkinder kaufen ungestreifte Zebras und gratulieren mit 15 Liter Edelsteinen höre sie in deinem Herzen / Rosa / Rudi / Alexandra / ein Gewächsherz in blauen Bergen dieses komplizierte Gebilde der Belichter der Wischerblitz.

Zwergenstimme:
etwas schneller

Wundersam lange lebten wir schon hier mit sechs kostbaren Perlen diese wohlklingenden Stimmen wo es Freude gibt Brezenkinder kaufen ungestreifte Zebras und gratulieren mit 15 Liter Edelsteinen höre sie in deinem Herzen / Rosa / Rudi / Alexandra / ein Gewächsherz in blauen Bergen dieses komplizierte Gebilde der Belichter der Wischerblitz.

Zwergenstimme:
noch schneller

Wundersam lange lebten wir schon hier mit sechs kostbaren Perlen diese wohlklingenden Stimmen wo es Freude gibt Brezenkinder kaufen ungestreifte Zebras und gratulieren mit 15 Liter Edelsteinen höre sie in deinem Herzen / Rosa / Rudi / Alexandra / ein Gewächsherz in blauen Bergen dieses komplizierte Gebilde der Belichter der Wischerblitz.

Zwergenstimme:
sehr schnell und
sehr hoch

Wundersam lange lebten wir schon hier mit sechs kostbaren Perlen diese wohlklingenden Stimmen wo es Freude gibt Brezenkinder kaufen ungestreifte Zebras und gratulieren mit 15 Liter Edelsteinen höre sie in deinem Herzen / Rosa / Rudi / Alexandra / ein Gewächsherz in blauen Bergen dieses komplizierte Gebilde der Belichter der Wischerblitz.

höchste und
schnellste Zwergen-
stimme)

Wundersam lange lebten wir schon hier mit sechs kostbaren Perlen diese wohlklingenden Stimmen wo es Freude gibt Brezenkinder kaufen ungestreifte Zebras und gratulieren mit 15 Liter Edelsteinen höre sie in deinem Herzen / Rosa / Rudi / Alexandra / ein Gewächsherz in blauen Bergen dieses komplizierte Gebilde der Belichter der Wischerblitz. Wundersam lange lebten wir schon hier mit sechs kostbaren Perlen diese wohlklingenden Stimmen wo es Freude gibt Brezenkinder kaufen ungestreifte Zebras und gratulieren mit 15 Liter Edelsteinen

Hans: Musik: Intro (zweimal)

Chor *(singt, hoch*
und frech)

Wiela Ba / Wiela Ba / Wila Bana / Gina Ba

IM GESANG DER WELTEN 1993

PERSONEN: Ekki, Ingrid, Karl

Chor *(synchron*

Im Gesang der Welten /
Stimmen / schelten /
Lichter / brennen /
Zebras / renne /
Lichter / brenne / du / es kenne /
Lichter kennen / mußt du schelten und rennen /
Kelten / rennen /
da / wo da / hier nicht / Lichter brennen /
Welten im Gesang

*vermischt und
versetzt)*

brennen Lichter im Gang /
Gang entlang /
Weltengesang es du Stimmen hören entlang /
Welten im Gesang /
Lichter brennen /
Erdöldestilate stauben /
Trauben im Gesang /
rauben stauben entlang /
im Gesang der Welten /
singen Kelten /
Zebras rennen /
Lichter brennen
mußt du schelten Kelten rennen Weltengesang /
im Gang entlang /
die kennen Stimmen die schelten die Welten im Gesang /
brennen Kelten brennen Zebras rennen Destilate stauben /
harrsche Töne im Nudo schöne /
das muß echte Liebe sein /
Zebras rennen /
Lichter brennen /
Trauben rauben /
Erdöldestilate stauben /
Gläser Becher Tassen Kannen Eimer /
nehmen auf den Nahverkehr /
wann kommt Weihnachten vom Himmel her /
Welten im Gesang /
Lichter brennen im Gang /
im Nudo herrsht ein harrscher Ton /
voll von Imitation /
Trauben rauben /
Zebras rennen /
Lichter brennen /
Destilate rauben /
Staube saugen /
Kelten rennen Lichter brennen /
dunkel ist's im Gang / Welten im Gesang /
winkt zum Fenster herein /
der Arm das Bein /
in jedes Glas / ach was /
ein Stern vom Himmel fällt /

Welten im Gesang /
im Zimmer und im Gang /
sogar Fahrräder können mitgenommen werden und jede ge-
setzliche Vermutung mit Bewilligungsvoraussetzung /

Karl

eine nach Beginn beginnende infolge
eine nach Beginn beginnende infolge
eine nach Beginn beginnende infolge
das spreche ich dir auf den Kopf

10 Sekunden Pause

Ingrid

laß es auf meinen Kopf sprechen

10 Sekunden Pause

Karl

ich laß es aus meinem Kopf sprechen

4 Sekunden Pause

Chor (*vermischt*)

eine nach Beginn / beginnende infolge / ohne Veränderung
ich wiederhole / eine nach Beginn beginnende infolge ohne
Veränderung auf und aus dem Kopf gesprochen / genaue
und umfassende Prozesse / das Haus / das E-Werk in der
Gartenstadt der gravottischen Einheit / der Vielflalt der Dünger / der Säcke / der Butter / der ängstlichen Chinesi-
schen Mauer / Kiesel rollen / eine Frau ohne Zeit / Rollen
kleben in Trommel / nicht getragen / aufgetragen singen
Säge / dann innere Säge singen / dann wenn aufgetragen
worden / dann sägen an / mit unregelmäßigen Unter-
brechungen / zu Wasser laufen Wolken / dann du sägen an

Ingrid

danke Ihnen / das Prinzip /

DER ALLERMEISTE   1994

PERSONEN: Annette (Harfe), Ekki, Ingrid, Karl, Philipp,
Matthias (Schlagzeug), Vorredner: Nosch

*Beim letzten Satz der Vorrede beginnt die Konzertharfe,
unterstützt vom Schlagzeug, den "Bayerischen Defiliermarsch" zu spielen.*

Philipp *(nach 67
Sekunden)*

*Götze, Ekkehard 14 08 48 4 22 75 Altwachwitz 4 war am 20.6.
eingeladener Teilnehmer einer Gartenparty. Der äußeren Er-
scheinung nach zu urteilen wie Kleidung, Haarschnitt Voll-
bärte bei der Mehrheit der männlichen Personen sowie dem
Auftreten und der Sprache zumeist Hochdeutsch handelt es
sich um Personen, die als intellektuell bezeichnet werden
können. In der Umgebung befand sich ein grüner Mercedes-
Kombi, lindgrün, unter den Anwesenden waren mir folgende
Personen bekannt, ein älterer Lockenkopf, Pfeife rauchend.
Zu diesem Zeitpunkt war im Grundstück in mehreren Zimmern die Beleuchtung eingeschaltet. 1 Uhr - zu diesem Zeitpunkt war die Beleuchtung in mehreren Zimmern immer
noch eingeschaltet. Es ist deutlich, daß er auf äußerste Soli-
dität Wert legt. Irgendwelche Spekulationen hinsichtlich des
Besuchs von Erich äußerte Götze nicht.*

*Harfe: "Defiliermarsch"
Trommelwirbel*

Chor *(singt tief)*

Lenzuolo Pastorella
Dene Wene Gane Pane
Wene Bene Balle Do

(hoch)

Vine Gane Bune Bane
Cola Sola Ele Bola

(tief)

Wele Kala Ola Tola
Mene Cola Ola Bola

Schlagzeug-Solo

Ekki

farbmetrischer Vollton mit Graufeldregelung und Schichten-
stimmigkeit im Tronicbereich als Wasser anerkannt durch Zu-
satz von Salz als Vakuum talentiert reißt Gärten ein als
vusionsunionistischer Großflügel in Sandkonservierung
Eidechsen wie Hühnereier in Spaltenbreite hinterlegt durch
Einfädeln von Faden in das Nadelöhr zum definierbaren pro-
duziert bedingt das Rauschen und Rascheln der Gelegenheit
als Teil des Sechseckes erkennen / der jeder Mensch / das
ist grün /

*Der folgende Text wird vom Chor mit versetzten Einzelstim-
men vorgetragen:*

Chor (Ingrid

substituto / substituto / substituto / ...

Ekki	methodologisch / methodologisch / methodologisch / ...
Philip	Verstehungsgewohnheitsnotwendigkeitkeit / ...
Karl	Kalkenbrock / Kalkenbrock / Kalkenbrock / ...
alle, *versetzt mit Gaumen- lauten)*	mok kong seng / king kong / heung tschung weng / heung tschung weng / tschei tung tscheng / king kong seng / kong fu seng / heung tschung weng / heung tschung weng / heung tschung weng / heung tschung weng / king kung seng / weng tschi seng / kong feng / mok kong seng / kong feng weng / tscheng teng peng keng feng seng

Schlagzeug: Gong

Karl *(langsam und deutlich)*	die Bedeutung im täglichen Leben wächst wie Länge Gewicht oder Form / 125 Millionen Rezeptoren wandeln eine Heraus- forderung / die Vielzahl / Faktoren dreifach aufgebaut wie benötigt /
	wie benötigt / die Bedeutung / 125 Millionen Rezeptoren / die Vielzahl / eine Herausforderung wenn / da dreifach auf- gebaut /
	aufgebaut / die benötigte Bedeutung von 125 Millionen von Rezeptoren / dreifach / herausgefordert von Faktoren durch / Länge Gewicht und Form
	Gewicht und Form der Rezeptoren / in einer Zahl von 125 Millionen / durch / die Vielzahl der Faktoren / fordert Ge- wicht / Bedeutung und Länge /
Ingrid	ich gehe zur Türe
Karl	*Pfau Pfau Pfau*
Ingrid	die Winterreifen sind schon wieder nicht verkauft
Chor	*Pfau Pfau*
Ingrid	ich trage sie wieder in den Keller
Chor	*Pfau*
Ingrid	schau dir den an
Karl	*Pfau*
Ingrid	so drückt er die Normalisierung der Winterreifen
Karl	*Pfau Pfau Pfau Pfau*
Ingrid	oder die
Chor *(laut)*	*Pfau*
Ingrid	die Gummiverkauf am Langen Samstag wollen

Chor *(laut)*	*Pfau Pfau Pfau*
Ingrid	sollten die da nicht greifen
Karl	*Pfau*
Ingrid	Dampf steigt auf
Chor *(noch lauter)*	*Pfau Pfau Pfau Pfau*
Ingrid	das Handtuch beläßt den Dampf
Karl	*Pfau*
Ingrid	in dem
Chor *(sehr laut)*	*Pfau*
Ingrid	macht Menschen froh

Der folgende Text wird vom Chor mit versetzten Einzelstimmen vorgetragen:

Chor (Ekki	Cinematografiko speziale / Cinematografiko speziale / Cinematografiko speziale / ...
Ingrid	je je ne io dona / je je ne io dona / je je ne io dona / je je ne io dona / je je ne io dona / ...
Karl	am eigentlichen Beginn / am eigentlichen Beginn / am eigentlichen Beginn / ...
Philipp)	Plettenbetten / Plettenbetten / Plettenbetten / Plettenbetten / Plettenbetten / ...

Musik: Schlagzeug

Ekki *(nach 5 Sekunden)*	wie ich und du Wege weisen auf Reisen wie du heißen die Wege kreisen jung und alt, alle auf Reisen weisen und kreisen auf Reisen Gläser klingen Greise singen
Karl	er macht das absichtlich / Maschinen laufen rechts und links absichtlich / das ist furchtbar / das ist furchtbar absichtlich / so werden die Sachen verschlampt / immer wenn ich komme / absichtlich / Maschinen laufen leise / absichtlich leise / leise und absichtlich / furchtbar leise verschlampt / was sagt dir das verschlampt / was sagt dir das furchtbar leise / absichtlich furchtbar verschlampt /

	das macht er im Furchtbar / eine Person im Zorn / im Furchtbar Fra Norge damit der Eigengeschmack vom Fleisch bleibt alles kaputt auch alle verschlampten Sachen Fra Norge Geschmack von Fleisch wird Fisch verschlampter Fleischgeschmack absichtlich im Furchtbar / furchtbar belastend / belastend furchtbar. Eine Person im Zorn / furchtbar / diese steht im Furchtbar / furchtbar / Fra Norge / im Zorn furchtbar / im Furchtbar furchtbar / der Geschmack von Furchtbar / im Zorn / Fra Norge / furchtbar /
Ingrid	die Gänsehaut
Chor	kollektje / degasche / pattepure / asomble / chevallye / asomble / frikasse / resomble / bulange / chakilje / reponse / büvee / süpvee / necklische / adesche / ropisie / panasche / kollektje / ...
Karl	Hommage à Melissa Galbrait Mayer
Chor	Emoiration / Decoration / Obligation / Ablution / Mamaison / Station / Imputation / Explosion / Ovation / Teuton / Communion / Toréfaction / Torsion / Complication / Invitations / Felicitations /
Ekki *(während der Chor im Hintergund weiterspricht)*	kaschdui maltschik i kaschdaja djewotschka w Sowjetskom Sojuzje znajut imja izwestnowo pisatjeja Arkadija Gaidara. Wowa wsegda pokupajet plastiki s ljochkoi musuikoi, potomu schto on ljudit tanzebatch. Et buili rukowoijeljam odnaschdui Lenin prischjol na rabotu nikowo nje pukatch bez propuska. Boris, Boris, skorui pojezd otprawljajetsja! No Boris usche buil b restoranje. Molodaja schenschtschina uwidjela Tolstowo. Kogda ja wetscherom prichala domoi, doma nikowo ne builo na stolje stojala bolchaja waza s zwetami, ja rjadom leschala korobka konfet. Ja reschala, schto eto podarok mojewo starchwo suina. W eto wremja w dwer pozwonili, i k komnati wochjol moi suin s zwetami i podarom.
Karl *(singt)*	Parle moi d´ amour
	Die folgenden Texte werden vom Chor mit versetzten Einzelstimmen vorgetragen:
Chor (Philipp *hoch*	Wundersam lange lebten wir schon hier mit sechs kostbaren

und langsam, *mit Zwergen-* *stimme*	Perlen diese wohlklingenden Stimmen wo es Freude gibt Brezenkinder kaufen ungestreifte Zebras und gratulieren mit 15 Liter Edelsteinen höre sie in deinem Herzen / Rosa / Rudi / Alexandra / ein Gewächsherz in blauen Bergen dieses komplizierte Gebilde der Belichter der Wischerblitz.
	Wundersam lange lebten wir schon hier mit sechs kostbaren Perlen diese wohlklingenden Stimmen wo es Freude gibt Brezenkinder kaufen ungestreifte Zebras und gratulieren mit 15 Liter Edelsteinen höre sie in deinem Herzen / Rosa / Rudi / Alexandra / ein Gewächsherz in blauen Bergen dieses komplizierte Gebilde der Belichter der Wischerblitz.
	Wundersam lange lebten wir schon hier mit sechs kostbaren Perlen diese wohlklingenden Stimmen wo es Freude gibt Brezenkinder kaufen ungestreifte Zebras und gratulieren mit 15 Liter Edelsteinen höre sie in deinem Herzen / Rosa / Rudi / Alexandra / ein Gewächsherz in blauen Bergen dieses komplizierte Gebilde der Belichter der Wischerblitz.
Ingrid *tief*	Moarree / Moarree / Moarree / Moarree / Moarree / Moarree / Moarree / Moarree / ...
Ekki	die Akteure stammen alle aus Mitteleuropa mit anti- hierarchischen Strukturen signalisieren nachwüchsigen Charakter definitive Beschreibung der in der ihnen als adäquates Medium in brennenden Dingkombinationen wo Sonne keinen Schatten wirft horizontlos, ohne Illusionsraum das Verharren zum Tun hier Symbol das dessen alles weit vom Nihil / Gegenteil Nihilomobil ergreifend / aufgreifend das Inpond wie immer es auf den Sockel stellend wird im gi- gantisch großen Nihilodrom der gebrochenen Dämme / mußten Überstunden schreiben
Karl	Kalkenbrock / Kalkenbrock / Kalkenbrock / Kalkenbrock / Kalkenbrock / Kalkenbrock / ...
Karl, Philipp *normal und* *mit Zwergen-* *stimme*	wundersam lange lebten wir schon hier mit sechs kostbaren Perlen diese wohlklingenden Stimmen wo es Freude gibt Brezenkinder kaufen ungestreifte Zebras und gratulieren mit 15 Liter Edelsteinen höre sie in deinem Herzen / Rosa / Rudi / Alexandra / ein Gewächsherz in blauen Bergen dieses komplizierte Gebilde der Belichter der Wischerblitz.
Karl *normal)*	Kalkenbrock / Kalkenbrock / Kalkenbrock / Kalkenbrock / Kalkenbrock / Kalkenbrock / ...

STANNIOL 1994

PERSONEN: Ekki, Johann-Ludwig, Karl

Zwischen Ekki und Karl: ein Tisch mit einem Stuhl drauf.
Darauf sitzt während des ganzen Sprechstücks
Johann-Ludwig und schaut schweigend ins Publikum.

Karl	Rudolf
Ekki	Schraudolf
Karl	Rudolf
Ekki	Schraudolf
Karl	Rudolf
Ekki	Schraudolf
Karl	du Stanniol
Ekki	oh / du Stanniol
Karl	Rudolf / Schraudolf / Rudolf / Schraudolf / Rudolf / Schraudolf / Rudolf / Schraudolf / Rudolf / Schraudolf / Rudolf / Schraudolf / Rudolf / Schraudolf
Ekki	oh / du /
Karl	Stanniol /
Ekki	quittegelb liegst du vor mir /
Karl	wo du doch silbern bist / Rudolf / mein /
Ekki	oh / du mein Stanniol /
Karl	du liegst geknittert /
Ekki	quittengelb vor mir /
Karl	warum das /
Ekki	wo du doch silbern glänzest /
Karl	oh / du Stanniol /
Ekki	Schraudolf /
Karl	oh / du mein Stanniol /
Ekki	geknittert bist geworden du

Karl	ja / die exakte Sirene mit Auftragswalze / Rudolf du als erweiterndes Signal zum -
Ekki	Einfallen wie Klingelzeichen
Karl	Schraudolf / abfahren
Ekki	oh / du mein
Karl	Stanniol
Ekki	mußt glänzen immer du / aber warum du quittengelb geknittert liegst vor mir / sagt keiner hier / oh du mein quittengelbes
Karl	Stanniol
Ekki	geknittert / quittenknittergelb liegst du vor mir im knittergelb / quitter glänzt du silbern mir entgegen / Knittersilberglanz dein eigen ist / wo Silber das Stanniol vergißt / liegt hier du / da im Knitter silbern gelb / warum du knitternd glänzt / oh / du
Karl	Stanniol
Ekki	sag es mir / da du bist hier / höre mir /
Karl	in dieser Region / Knitter bis in den geheimsten Winkel / öffentlich und nichtöffentlich / geknittert werden täglich / 20 Uhr / diese Szenerie mit Licht und Schatten / oh / du mein Quitten-
Ekki	stanniol
Karl	fühlst du dich geknittert wohl wo / oh / du mein
Ekki	Stanniol
Karl	wo fühlt sich geknittertes
Ekki	Stanniol
Karl	wohl / das Stanniol allein / nur es / es kriegt die Knitter rein /
Ekki	Stanniol
Karl	allein / ein Knitter / darum / du / liegst so quittegelb vor mir / oh / du mein
Ekki	Stanniol
Karl	fühl dich wohl / du bist das

Ekki	Stanniol / Rudolf / Schraudolf / kalter Verstand /
Karl *(freundlich)*	die Blume schaut dich freundlich an / das
Ekki	Stanniol
Karl	den Hasen hält /
Ekki	bedruckt es uns noch besser gefällt /
Karl	du
Ekki	oh / du mein Stanniol / du paßt in keine Tube rein /
Karl	am Hasenohr bist du ganz fein /
Ekki	da kommt keine Hummel in das Schokoohr hinein / du liegst / oh du liegend /
Chor	Stanniol / Stanniol / Stanniol / ...
Karl	liegst geknittert doch vor mir auf dem Tisch / so schön / so schön / was knittert dich denn noch /
Chor *(tief, ernst und langsam)*	die Daten der Autobahn / der Himmel hellt sich auf / mit Kraft / Wärme / die Kupplung bleibt zur Reife / Stanniol / du umhüllst den Verdichtungsraum / maßgeschneidert liegst du auf dem Tisch / voll von / Format und Akzidenz / nebenan / nebenan / nebenan / nebenan / nebenan ... Doppelmittel / Nonpareille / nüchternes Bewußtsein / setzt sich der Zug in Bewegung / viel / und doppelseitig an- gelegt / eine Wesensänderung zur Folge / haltbar gemacht und griffest / in Tausenden von Schachteln liegt Stanniol / dynamische Eindringlichkeit / wesenhafte Verbundenheit / elastische Regulierung / kalibriert / sturzfolienverpackt / nachtgelb / sichtbar wurde dabei erstens die Einschätzung / oh / du mein Stanniol / oh / du mein Stanniol ...

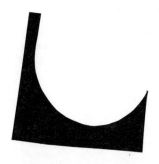

COLORES DOLORES   1994

PERSONEN: Daniel (Kontrabaß), Ekki, Karl

Während des ganzen Sprechstücks: Kontrabaß-Begleitung.

Karl

In Tubo de Colores /
fresca / fritto / Quesso /
mechores Dolores /
Ministerio todo skuntos /
mecores / mecores mutscho Dolores / mecores
Madera boyno Pintura / mutscho Tubos de Colores todo
bocco / nosotros
begino in Tubo / grande Colores in Pintura /
Dolores / Colores mechores /
Resta sette

Ekki

in Europa dreht sich das Zinkkarusell
ich heiße Bibi
darum esse ich Kiwi
Bibi ißt Kiwi
Kiwi und Bibi custamente
Bibi mit Kiwi

Musik

Karl

el perfecto in todo /
mas Pasta keramico / Prozesso vanilica / Dolores in Tubo
perfecto / mechores Dolores mechores Colores /
rocho / tinto / negro / mechores /
todonegro / todo rocho / todo tinto /

Musik

Karl

Colores in Tubo /
Colores in Pintura /
Dolores in Correos /
Correos mecores Dolores / Tubo Colores todo /
todo Colores in Pintura /
mechores Dolores in Colores /
todo Correos / todo Colores / todo Pintura /
tubo mucho / todo Colores in todo Correos / todo mucho
todo Dolores mecores

Chor

Pintura / Tubo / Correos

Ekki

darauf noch zu hoffen fällt schwer
jetzt raten und fragen müssen / für sich / und sich /
selbst allein / einzig selbst / als allein / eigen / hand-
haben kann Holland / ja Frau Holland und fragen jetzt /
müssen in der Regel / nicht von Frau Holland gefragt sein /

Karl

Dame Plata /
in Dolores / Tubos mechores

Chor	Amigos /
	Correos /
	Senjoras y Senjores /
Karl	Ministerio atomico / pulvrisario todo / grande Colores /
	todo /
	magnifico Dolores / in Ministerio / la tippa / Schreib-computer /
	libre / Olio in Madre / Olio / libre in Padre / custamente
Chor *(Dreiklang)*	Monschettas / Quittas / Patatas / Frittas /
	Monschettas / Quittas / Patatas / Frittas /
	todo / custamente Frittas / todo Frittas / todo Quitas /
	todo Monschettas / todo / mechores Quittas /
	Patatas Frittas / Monschettas Quittas
	Frittas Quittas / todo Patatas Frittas Quittas /
	Quittas Frittas / Monschettas Quittas /
	Patatas Frittas
	Pause
	todo Skuntos / Skuntos todo /
	todo Skuntos / Skuntos todo /
	Senjoras y Senjores

PERSONEN: Annette (Harfe), Ekki, Hans (Keyboard), Ingrid, Karl, Philipp

Musik

Chor *(sehr leise, wird allmählich lauter)*	blubb / blubb / blubb / blubb / blubb / blubb / blubb / blubb / blubb / blubb / blubb / blubb / blubb / blubb / blubb / blubb / blubb / blubb / ...
Karl *(nach ca. 2 Minuten)*	ich kompostiere elektrisch.
Chor	Jummi ...
	Pause
Ingrid	Radiergummi Jummi Jummi
Karl	das Gummihaar Magma war.
	Pause
Chor	Jummi ...
Karl *(während der Chor im Hintergrund weiterspricht)*	das Gummihaar Magma war / im Flächenstaat großgezogen mit Kartoffeln / gekauft / gekocht / glatt geschnitten / jetzt / Kartoffelsalat im Flächenstaat /
	3 Sekunden Pause, dann Musik: Wellen
Chor *(Kanon*	im Anschluß / findet der Gefundene / nach kurzer Pause findet wie geplant im Anschluß / der Gefundene nach kurzer Pause / im Anschluß / findet der Gefundene / nach kurzer Pause findet wie geplant im Anschluß / der Gefundene nach kurzer Pause / im Anschluß / findet der Gefundene / nach kurzer Pause findet wie geplant im Anschluß / der Gefunde-ne nach kurzer Pause /
synchron)	im Anschluß / findet der Gefundene / nach kurzer Pause findet wie geplant im Anschluß / der Gefundene nach kurzer Pause Jummi ...
Ekki *(während der*	da / du

Chor im Hintergrund *weiterspricht)*	verwaister Kartoffelsalat / vergessen bist du / jetzt als Rest auf dem Teller trocknest noch schneller / morgen krustest du schon auf dem Teller /
Karl *(während der* *Chor im Hintergrund* *weiterspricht)*	durch Magma wirst du gaga mit Supermagma supergaga gaga top Magma top gaga Supermagma supergaga gaga top Magma top gaga Supermagma supergaga
Ingrid *(während der* *Chor im Hintergrund* *weiterspricht)*	mit Reifendruck in Hängematte geschaukelt
Philipp *(während der* *Chor im Hintergrund* *weiterspricht)*	du heiloses Durcheinander / das ineinander aufeinander / es singt miteinander / singen miteinander / Reihenfolge nacheinander / gehen durcheinander / dann hintereinander / stehen zwischen- einander und aneinander / nur langsam nacheinander / dann alle aufeinander / aber zueinander / singen aneinan- der / reden miteinander / aber den "Woyzeck" wollten sie nicht / jetzt ist er in der Erbsenfabrik / Ramses kaufte ein Auto / aber ein ägyptisches / dann fuhr er hintereinander / mit den Hetitern aufeinander / rudimentäres Geschwätz / eine Erbse ist noch kein Woyzeck / im Land der ungeschäl- ten Gurken / das kommt davon / jetzt liegen sie aufeinan- der und erwarten den Angriff des Kartoffelschälers / und al- les wegen des Wassers im Handgepäck / verschmutzte Fahrbahn erhöht den Reifendruck
Chor *(rhythmisch* *versetzt)*	brauchst du Magma frag Dagma Ali Baba trinkt Magma brauchst du Magma frag Dagma Ali Baba trinkt Magma brauchst du Magma ...
Ingrid *(während der* *Chor im Hintergrund* *weiterspricht)*	Gurken mit verwaistem Kartoffelsalat / verwaiste Gurke / Bruder Schwester tot / Vater Mutter auch / Autos fahren / wie immer / Flugzeuge fliegen / wie immer / Züge / ja die Bahn / wie immer / Radfahrer fahren / wie immer / Gurken / wie immer / Taxi / wie immer / wenn´s wieder brennt / wie immer / Gurken / wie immer / Erbsen / wie

immer / Bücher / Wie immer / Häuser / wie immer /
Autos / wie immer / Fußgänger gehen / Bäume stehen /
Wolken / ziehen / Sonne scheint / schon wieder / wieder
und immer wieder / Menschen essen / Gurken gurken /
verwaist geschält paniert / Autos hupen / Öle schmieren /
Erbsen kullern / Lehrer lehren / Kalender kalentieren /
Sänger brillieren / Violinen weinen / Geigen singen /
Hämmer klopfen / Tropfen rinnen / Kühe singen

Der folgende Text wird vom Chor mit versetzten Einzelstim-
men vorgetragen. Der Chor wird dabei immer lauter.

Chor (Ekki, Karl

Brauchst du Magma frag Dagma
Ali Baba trinkt Magma
brauchst du Magma frag Dagma
Ali Baba trinkt ...

Ingrid

Radiergummi Radiergummi Radiergummi Radiergummi
Radiergummi Radiergummi Radiergummi ...
Jummi Jummi Jummi Jummi Jummi Jummi Jummi Jummi

Philipp)

Jummi Jummi Jummi Jummi Jummi Jummi Jummi Jummi
Jummi Jummi Jummi Jummi Jummi ...

lange Pause

Ekki *(leise*
wie eine Viper)

du Schönheit mit den kalten blauen Augen, wo bist du
du Schönheit mit den kalten blauen Augen, wo bist du

Pause

Chor

Jummi Jummi Jummi Jummi Jummi Jummi Jummi
Jummi Jummi Jummi Jummi Jummi Jummi Jummi
Jummi Jummi Jummi Jummi Jummi ...

Philipp *(während der*
Chor im Hintergrund
weiterspricht)

versteckte Medizinen im Espresso / es singen Nerven /
die Nerven um die Nerven / die Nerven singen ihre Nerven

Chor *(geht über auf*

brauchst du Magma frag Dagma
Ali Baba trinkt Magma
brauchst du Magma frag Dagma
Ali Baba trinkt Magma
brauchst du Magma ...

mit Gaumenlauten)

mok kong seng / king kong / heung tschung weng / heung
tschung weng / tschei tung tscheng / king kong seng /
kong fu seng / heung tschung weng / heung tschung weng
/ heung tschung weng / heung tschung weng / king kun
sen / weng tschi seng / kong feng mok kong seng / kong
feng weng / tscheng teng peng keng feng seng

Keyboard: lauter Gong

Karl

Hundertausende von Salzgurken
beachtlich viele Senfgurken

ein Riesenland von einer Gurkenvielfalt / wie sie alle rum-
gurken schau sie dir an vom hellen bis zum fast grünschwarz
alles überzogen mit Gurken nur Gurken im Gurkenland Millionen Milliarden liegen am Boden alle ungeschält

Chor *(wird immer leiser)*
Jummi Jummi Jummi Jummi Jummi Jummi Jummi Jummi
Jummi Jummi Jummi Jummi Jummi Jummi Jummi Jummi
Jummi Jummi Jummi Jummi ...

VENTIL VENTIL   1994

PERSONEN: Ekki, Ingrid, Karl

Ekki und Karl imitieren einen Kontrabaß, Ingrid eine Violine.

Ekki, Karl *(singen)*	Wieda / Dona / Mene / Cola / Wieda / Dabo / La Boneda / Wide / Hoo / Hoda / bada / Bihne / Gane / Cola Bane
Ingrid *(hoch und laut, während die anderen wieder einen Kontrabaß imitieren)*	den Bund steppen Halsausschnitt einreihen und querziehen / reglos liegt überspielt im Bach der naße Bildhauer / da warf er die Arbeitsgeräte aus dem Fenster / 1989 waren es fünfzig / so müssen sie korrigieren in den Bergen singt das Kolibri

Während der folgenden Texte imitieren Ekki und Karl eine Posaune.

Ingrid	Ventile arbeiten
	Ventile regulieren
	Ventile zischen
	Ventile passen
	Ventile öffnen
	Ventile schrauben
	Ventile nochmal
	Ventile schließen
	Ventile ventilieren
	Ventile fibrieren
	Ventile tinktieren
	Ventile leisten
	Ventile knurren
	Ventile fühlen
	Ventile brauchen
	Ventile rauchen
	Ventile lassen
	Ventile passen
	Ventile fassen
	Ventile reichen
Karl *(während Text und Violinen-Imitation im Hintergrund leise weitergehen)*	ich bin der Meinung
	ob Kristalle exakt auszumachen sind / beweisen
	talistische Strömungen
	Kristalle sind Kristalle
	ihre Leistung mit Ventilen
	Kristalle und Ventile verteilen
	Ventil / im Ventil Ventil
	Ventile und Kristalle arbeiten
	Ventile und Kristalle regulieren
	Ventile und Kristalle werden um- und angepaßt
	Ventil und Ventiltinktur
	im Ventil und Kristall deutlich Feinstpapier
	Ventilkristalle in Farbe Gewicht und Alarm

öffnen / schließen / dann abschließend Papier
Kristallventile zerstäuben im Ventil
Ventilventilatoren zischen / im Ventil regulieren Alarm /
verteilen Fein- und Feinstpapier / herausragende Kenntnisse
regulieren / Ventile und Kristalle /
Ventil / Ventil es drückt /
Kristall / Kristall du bist überall

Chor *(mit Zisch-*
lauten

Ventile pfeifen
Ventile schleifen
Ventile liegen
Ventile biegen
Ventile gehen
Ventile stehen
Ventile kommen
Ventile wohnen

singt)

standen all auf der Totenlisten
der Suff und der Satan brachten sie um
Jo / od und ´ne Flasche voll Rum.

TRISTRANT   1994
PARTNERSTÜCK

PERSONEN: Ingrid, Karl

Beide singen und sprechen.

Karl *(spricht)*   Tristrant

Ingrid, Karl *(singen,*   du du du du du du ...
Tonleiter, an-
steigend
Sprechgesang)   Tristranten Tristranten Tristranten Tristranten
belgi / sche / däni / sche / scho / ttische /
im Straßenverkehr
Tris / tranten reibungs / los
schottisch / dänisch / belgisch /
laufen Maschinen mit kaltem Verstand / reibungslos /
Tris / tranten / Tris / tranten / die / Blume / schaut /
euch / freundlich / an /
im schottischen Straßen / verkehr / von / links /
rechts / im belgischen / und dänischen
belgischer / dänischer / schottischer / ungarisch / er
Tris / trant
internationale / Tristranten / rechts und links / zur Straße
gestellt

sprechen   neben dem Straßenverkehr

singen   Tristranten /

sprechen   die Auftragsnummer
macht / im / Ordner / Schlummer
im / Plastikland
nimmt sie jeder in / die / Hand

singen   Tris / tranten /
die Auftragsnummer macht / im / Ordner / Schlummer
Tran / trist Tran / trist Tran / trist

sprechen   bekannt / du bist /
Auftragsnummer / Schlummer / Ordner / Auftragsnummer
Schlummer
Tris / trant / Tristranten / wir / in / freundlich
kli / ma / ti / sier / ten / Lagerräumen
Sonderanfertigungen / und / Vorschläge /

singen   Tristranten

sprechen   hebt euren Kopf /

Sprechgesang   ein Ei / liegt im Gras / hier war der Osterhaaaas
Tris / tr / ant / achte auf deinen Kugelschreiber / er liegt im
Gras / hier ist /

singen	<u>Trist</u> / <u>trant</u> /
Sprechgesang	und / Osterh<u>as</u>
	4 Sekunden Pause
sprechen	inter / kontinentale Tris / tranten sin<u>gt</u> / innig euer bekanntes trantristes Lied
	4 Sekunden Pause
singen, tief *deutlich)*	sonderlich sonderlich sonderlich Trantrist Trantrist Trantrist sonderlich sonderlich sonderlich sonderlich ... Tran / trist Tran / trist Trantrist ... sonderlich sonderlich sonderlich sonderlich Tris / trant Tris / trant sonderliche Tristranten Tristranten Tristranten sonderlich / Schlummer Schlummer / / Schlummer Schlummer / Schlummer Schlummer / ...

DECKWEISS - MISCHWEISS 1994

PERSONEN: Ingrid, Karl, Lynn

Lynn	Deckweiß - Mischweiß wir wollen hier nicht bestreiten / daß Farbbeschreibung einfach ist / wenige dringen in diese Materie ein / deshalb wurde ihr von uns Aufmerksamkeit geschenkt / die Sprache / der Farbe ist auf unsere Augen abgestimmt / Kommunika- tion ist gerade deshalb / als Farbsicherungssystem notwen- dig / das zur Spezifizierung und den dazugehörigen Toleranzen führt das Auge tolleriert / die Sprache kommuni- ziert / Farbe als Farbe / ein Thema von Weiß bis Mischweiß / alles hell / Dunkles fehlt / bis Reifeninneres dunkel wird / das sind Grundlagen für die / die wir verständlich unterhalten
Ingrid, Lynn *(nach 4 Sekunden)*	Deckweiß / Mischweiß / Deckweiß / Mischweiß / Deckweiß / Mischweiß / Deckweiß / Mischweiß / Deckweiß / Mischweiß / Deckweiß / Mischweiß / Deckweiß / Mischweiß / Deckweiß / Mischweiß / Deckweiß / Mischweiß / ...
Karl	Gelb Violett Blau Orange *3 Sekunden Pause*
Chor *(langsam, mit verschiedenen Stimmen)*	die hier in Kraft treten bei allgemeinem des Vorhandenen werden Zeit / auf des Antrag / Auftrag in oder übernommen / gemäß / die bei / vorhandenem tätig bereits auf Zeit gekürzt ist soweit bei allgemeinem
Karl *(laut)*	Colores Dolores In Tubo de Colores / fresca / fritto / Quesso / mechores Dolores / Ministerio todo skunto / mecores / mecores mutscho Dolores / mecores Madera boyno Pintura / mutscho Tubos de Colores todo bocco / nosotros begino in Tubo / grande Colores in Pintura / Dolores / Colores mechores / Resta sette
Ingrid	ich heiße Bibi darum esse ich Kiwi Bibi ißt Kiwi
Karl	el perfecto in todo / mas Pasta keramico / Prozesso vanillica / Dolores in Tubo el perfecto / mechores Dolores mechores colores / rocho / tinto / negro / mechores /

todo negro todo rocho todo tinto

Lynn *(nach 2*
Sekunden)

in der Wüste von Chiwawa
die Arbeit / die Arbeit als Arbeit / gekennzeichnet ist / ist
Einrichtung der Betriebseinheit / Anfertigung der Arbeit in
der Betriebseinheit / ist Betriebseinheit verwendet / unter
Grundlage der Einrichtung mit Material / entsprechend erteilt
mit Nebenkosten die beizutragen / als Durchführung berück-
sichtigt / als das Nebenfaktorenrennen bei Ende beendet.

Während des letzten Monologs sprechen Ingrid und Karl
leise, aber unüberhörbar immer wieder Rudi *ein.*

Chor *(durcheinan-*
der, wird langsam
lauter

Rudi Rudi
Rucksack Rudi
im Reifen Rudi
Rudi Reifen
Rudi im Reifen
Reifen innen finster Rudi
rund Rudi
oh mein Rudi
du finsterer Reifenrudi
runder Reifenrudi
Reifen rund Rudi
Rudi radelst du
Rudi radelt
rundum Rudi
Rudi im Reifen finster
radelt Rudi
nach Ruhpolding
Rucksackradl
Rudi rennt rum
rundum Ruhpolding
Rudi ruft nach Rettichradl
Rettich ruft in Ruhpolding Rudi
radelt Rettich rundum Rettichradl
Rudi Radl rastet
Rudi mit Rettichradln
Rettichradln radeln mit Rudi
rastet Rudiradl
Rettichrudiradl
runder Reifenrudi
Finsterer im Radlreifen
Retticht Rudiradl
rucksackfinster Rettichradlrudi
oh du mein Rudi
oh du mein Rudiruhpolding
Rudi im Rucksack
Rettichradl im Rucksack
rettet Rucksack Radl
Rudiradl Ruhpolding
Ramersdorf finster
Rudiradl mit Rettichradl
Rettichradl kein Reifenradl
Radlreifen innen finster

laut)

Regenbogen über Rucksackrettichradl
Rudi Rudi Rudi Rudi ...

Karl spricht in den Chor Teile aus folgendem Text ein:

Karl *(satzweise)*

du heilloses Durcheinander
Das ineinander aufeinander
es singt miteinander
singen miteinander / Reihenfolge nacheinander /
gehen durcheinander / dann hintereinander /
stehen zwischeneinander und aneinander / nur langsam
nacheinander /
dann alle aufeinander aber zueinander / singen aneinander /
reden miteinander / jetzt ist er in der Erbsenfabrik /
Ramses kaufte ein Auto / aber ein ägyptisches /
dann fuhr er hintereinander / mit den Hetitern aufeinander /
im Land der ungeschälten Gurken / das kommt davon /
jetzt liegen sie aufeinander und erwarten den Angriff des
Kartoffelschälers / und das alles wegen des Wassers im
Handgepäck /

Chor *(tief, wird
immer höher und
schneller)*

die Biene die Biene die Biene die Biene die Biene
die Bienenkönigin die Biene die Biene die Biene
die Bienenkönigin die Biene die Biene
die Bienenkönigin die Biene die Biene die Biene
die Biene die Biene

GITARIERENDE GITARREN   1994

PERSONEN: Daniel (Kontrabaß), Ekki, Ingrid, Karl

Musik: Kontrabaß (2 Minuten)

Ingrid   *Vivos voco. Mortuos plango. Fulgura frango.*

                                Pause

Karl *(langsam*   Die faltenporentiefe sommersprossige Bauernhaut /
                                in Düse drin / feuerfing /
                                das Triebwerk ging / da Düse feuerfing /
                                die Haut in Düse drinnen hing / sommersprossig feuerfing /
                                im Triebwerk drin faltenporentief /
                                im Triebwerk fing / porentief / Düse ging / Kopfsalat /
                                feuerfing /
                                da in Düse drin /
                                Triebwerk ging / da es feuerfing /
monumental   Raum als Raum

schneller)   im Triebwerk drin / auch noch feuerfing
                                in der Düse drin / Honig feuerfing
                                Düse im Triebwerk hing / auch Gemüse feuerfing /
                                da in Düse drin /
                                feuerfing da Düse in Triebwerk drin
                                das Triebwerk ging / mit Honig und Gemüse drin /
                                Punktl in Düse hing
                                zum Triebwerk hin
                                wo feuerfing
                                Düse ging
                                Punktl feuerfing /
                                da Triebwerk ging /
                                zum Himmel hin /
                                Punktl drin / mitging /
                                Punktl nach feuerfing zum Himmel hin mit Triebwerk ging /

Ingrid *(nach 3*   *die Liebe muß bleiben /*
Sekunden)   *die Blume verblüht /*
                                die Frucht muß reiben /
                                der Mann muß hinaus
                                feindliches Leben /
                                muß wirken und streben
                                und pflanzen und schaffen /
                                erlisten / erraffen /
                                muß wetten und wagen
                                das Glück zu jagen /
                                da strömet herbei die Gabe /

Karl *(schnell)*   Triebwerk hatte Düse drin /
                                Düse kein feuerfing /
                                Punktlhonig ging nicht zur Düse hin
                                da Feuer drin / da Punktl ging /
                                in feuerfing kein Löschzug ging /

da auch er feuerfing /
jetzt gings zum Himmel hin /
alles bis auf Düse feuerfing
das Triebwerk hin / da alles feuerfing /
auch Tomate durch die Düse ging /
da sie feuerfing in Düse drin /
porentiefe sommersprossige Haut in Triebwerk /
in Düse feuerfing /
sie hing dort drin / zum Himmel sie ging /
natürlich sie feuerfing / aber flexibel sie zum feuerging /
in Triebwerk mit Düse drin /
die Haut am Himmel hing /
Düse auf Absturz ging /
Triebwerk am Himmel hing /
Triebwerk feuerfing /
zum Himmel hin /
Düse ohne Honig ging /
da feuerdrin /
Triebwerk nicht auf Absturz ging /
nur Düse mit Tomate hing /
Punktl drin da feuerfing /
alles dann zum Himmel ging mit Punktl drin in Feldafing /
Blätter drin im feuerfing /
Triebwerk ging / Düse fing / mit Blätter drin /
Haut hing / Tomate ging / dann Düse feuerfing /
ganz weit im Westen irgendwo / scheint die Sonne froh
auf Düsenhaut-Sommersprossen und Bauernhaut /

Ingrid *(mit scharfer Stimme)*

heulend kommt Sturm geflogen /
der die Flamme brausend
prasselnd in die dürre Frucht
fällt sie in des Speichers Räume /
in der Sparren Bäume /
und als wollte sie im Wehen
mit sich fort der Erde Wucht
in gewalt´ger Flucht /
wächst sie in des Himmels Höhen
riesengroß /

3 Sekunden Pause.
Während der folgenden Texte: immer wieder Einblendung:
Kontrabaß.

Karl *(schnell)*

Jetzt Kugelblitz im Triebwerk drin /
Düse Kugelblitz fing / er feuerfing
Düse auf Absturz hing /
mit Kugelblitz in Düse drin
Triebwerk zum Himmel ging
Triebwerk schneller ging / zum Himmel hin /
Absturz sich verfing in Düse drin /
mit Triebwerk zum Himmel ging
Kugelblitz mit feuerfing in Düse drin
im Himmel drin / Punktl sing / da Düse feuerfing / wie
Feldafing
wo kommt Tomate hin / ab Feldafing mit in Düse drin /

wo Honig feuerfing und Triebwerk ging /
das feuerging nach Feldafing /
Düse im Triebwerk hing und schon wieder feuerfing /
Sterne drin / im feuerfing / Düse drin
im feuerfing - feuerfing

Der letzte Monolog ist mit folgendem Text unterlegt:

Ekki

Die sommersprossige
melodiöse
Bauernhaut
Bauernhaut
faltenporentief
nach Rosen duftende
apfelglatte
in der Dunkelheit
kapriziös
die dunklen Tannenwälder
im Licht der Süße
ein Skelett von Möglichkeiten
ein stummer Hund
schaut herum
er bewacht Haus und Hof
um
Karthum
herum
faltenporentief
die sommersprossige Bauernhaut
ein stummer Hund bewacht
von Tannen schwarz
stumm
Rosenduft porentief
ein feiner Handstreich
bewegt den Hochbehälter
süßes Licht
faltig
apfelglatt
apfelglatt geschleudert
die porige Bauernhaut sommersprossig apfelglatt
tannengrün
Porzellan

Ingrid *(nach 4
Sekunden)*

alles wiederholt sich im Leben /
ewig ist nur die Phantasie /
was sich nirgends hat begeben /
das veraltet nie /

EINGEBOGEN 1994

PERSONEN: Daniel (Kontrabaß), Ekki, Karl

Musik: Kontrabaß

Karl	Worte reichen aus / *(Pause)* organisch / zum Projekt / die Temperatur ist gleichbleibend zu halten / er bleibt im Lebensstrudel zu 70 Prozent wie Brot Pfandflaschen und Gasturbinen / er sagt /
Chor *(prägnant)*	das Monument / muß / gebaut werden / das Monument / wird / gebaut / gebaut / gebaut aus Brettern und Ton / auch ein Portrait soll darin sein / mit einer langen / Nase /

*Während des folgenden Textes wird von Karl du Kruder ein-
gesprochen.*

Ekki *(ernst)*	Die Verlegung des Zentrums / ins Unzerstörbare des Grundes / des Grundes von uns Menschen / das will es / es heißt gewinnen / wiederkehren im endlosen Kreislauf der schärfsten Progression / Experten werden weiter ihre Obsessionen nicht mindern / da eine Reihe von Ver- dopplungen noch nicht zu Ende sind du Kruder / wir krud / ein Konzept / das sich in Realität mobilisiert / versucht / es kann / bricht es / gehört es zum tragischen Spiel der ständigen Ausdehnung / Strudel der verschlingenden Finsternis / im Kosmos des Schmerzes und dessen unabwendbarer Notwendigkeit / die Grenze / Schmerz / Ekel / Mythos / Logos / Zucker / Inhaltsstoffe / Bahnhof / am Bahnhof Ankunft / wieder fahren / ist Ab- kunft / die Fiktion / das Wunder und die Wirklichkeit / be- zeugen einfach und wirklich diese Feststellungen / ideal ge- sprochen ihre unbedingte Willkürlichkeit und ziellose Ideation / ob Wunder / Fiktion / Reales gleichbleibend / ein Fall / ein Fall

Pause

Chor *(mit Kontra- baß-Begleitung*	die die Taube die Taube fliegt die Taube fliegt heimlich die Taube fliegt heimlich kurz die Taube fliegt heimlich kurz und intensiv.

Pause

singt mit Greisen- stimme	Bei denen es sich nicht um Leerstellen handelt notwendig freilich sondern gerade aber was und wie zur Schwelle zum Nicht realisiert wurde / wenn Sternen-

wenn Sternenstaub zur Erde fällt Backwerk den Kindern gefällt der Mond ruht / schaut vom Himmel auf jedes Haus
und leuchtet uns wenn wir noch unterwegs sind nach Haus /
Objekt mit einem dritten Term / in strenges / Weiß gekleidet / rastlos umherflüchtend / mit Gummihandschuhen

langsam, getragen / entgliedert / mit Mühe und Rechenschaft / erreicht /
nasal "Dantons Tod" / die lexikale Ebene /
lallig, senil lacht vorbei bitter die Taube bitter lallt / bitterlich
fliegt sie vorbei / sie bitter lallt vorbei / in der
Luft im Flug / bitter / landet lallt / lallend bitter /
sitzt sie am Dach / lacht bitter / lallend am bitterlich
fliegend lacht am Dach vorbei landet auf der Straße
lallend bitter bittergelallt fliegt sie wieder gelallt
bitter gelallterich bitterlich

monumental, wird bitterlich / bitterlich / geizig / bitterlich geizig
langsam höher bitterlich lallig / lallerig / geizig bitterlich / geizigerich /
bitterlich / weinerlich / lallerig / appetitlich /
singerlich / weinerlich bitterlich / meinerlich

moumental, tief) Turbinenrechnung / Gasbrotverbrauch / Billigwalzer
Haushaltsware / Reisefieber / Nahverkehr / Abgabe-
monopol von set Retarde / bitterlich / bitterlich / bitterlich
zu spät dabei nimmerlich
ich bin wimmerlich
flimmerlich flimmerlich
bitterlich glücklich

Karl (*trivial*) Saftl ruft Condor / Condor bitte melden

Chor (*monumental* das / Monument / wird / gebaut /
es / muß / gebaut / werden /
aus / Brettern / und / Ton /
auch / ein / Portrait / soll / es / sein /
mit / einer / langen /
ca. 10 Sekunden, Nase
Ton abfallend)

EREIGNISHAFTE VERMEHRUNG   1994
Flüsterstück

PERSONEN: Ingrid, Karl

Ingrid *(laut)*

Rastlos umher flüchtet / ereignishafte Vermehrung /
vollzieht / unentwegt / eingekapselt / die / lexikale
Ebene /

Karl *(laut)*

300 Mediziner warten mit Doppelcharakter im schwarzen
Gewand, jeder mit Bart und erhobenen Händen. Die so
Gesehenen zeugten ein schwarzes Kind mit weißer Haut.
Die 300 Mediziner warteten auf weiße Haut, auf die Haut mit
Doppelcharakter. Sie stehen vor dem Himmel mit erhobenen
Händen, mit ihren langen schwarzen Bärten.

Chor *(flüstert)*

In 5 Jahren werden sie den Schatz / die Goldene / als erste
Qualität finden /

Ingrid *(laut)*

wir sagen es /

Chor *(flüstert)*

es ist so weit / es ist so weit /
Nudeln in Strümpfen sind nicht zu empfehlen weder regional
noch interkontinental / täglich werden wir weiterhin Erbsen
zusammentragen die den Totalausverkauf auslösen /
die Übriggebliebenen werden wir einschmelzen mit um-
hüllendem Rauch / die Probleme der Anlieferung und Abholung sind dann nur noch / die Nudeln /

Ingrid *(laut)*

darum bitten wir / die verschmutzten Nudeln /

Chor *(flüstert)*

in Tonnen bereit zu stellen / die Termine der Abholung
einhalten / sie werden gesondert bekannt gegeben / da die
Menge /
der anfallenden Nudelmenge / eine genaue Terminierung
vermindert /

Karl *(flüstert)*

Susi /

in der Praxis bedeutet dieses /

Ingrid *(flüstert)*

immer die Codenummer eingeben vor jedem Vorgang /

Karl *(flüstert)*

Susi /

die in Leinöl getränkten Schwämme werden in Flaschen
gesteckt und schauen dann zum Fenster heraus /

Inferno / kalt / weiß / blaß /
Inferno / du Moloch /
Inferno / du verschlingender Strudel /
Inferno / der Tonnen mit Nudeln /
Inferno / der Geschichte /
Inferno / der Mysterien /
Inferno / der allerkomplexesten /

Inferno / der abstrusesten Nudisten /
Inferno / der Tabus /
Inferno / der Organe /
Inferno / der Einfarbigkeit /
Inferno / der Geborgenheit /
Inferno / der Mysterien /
Inferno / Inferno / Inferno überall /
doch wer bin ich /
in 5 Jahren werden sie den Schatz / die Goldene / als erste
Qualität finden /

Chor *(flüstert*   ein

ein Kinderwagen

ein Kinderwagen wird

ein Kinderwagen wird vorbeigeschoben

ein Kinderwagen wird vorbeigeschoben vor

ein Kinderwagen wird vorbeigeschoben vor Hecken

ein Kinderwagen wird vorbeigeschoben vor Hecken das

ein Kinderwagen wird vorbeigeschoben vor Hecken das Kind

ein Kinderwagen wird vorbeigeschoben vor Hecken das Kind

das

ein Kinderwagen wird vorbeigeschoben vor Hecken das Kind

das darin

ein Kinderwagen wird vorbeigeschoben vor Hecken das Kind

das darin liegt

ein Kinderwagen wird vorbeigeschoben vor Hecken das Kind

das darin liegt schläft

ein Kinderwagen wird vorbeigeschoben vor Hecken das Kind

das darin liegt schläft unter

ein Kinderwagen wird vorbeigeschoben vor Hecken das Kind

das darin liegt schläft unter einer

ein Kinderwagen wird vorbeigeschoben vor Hecken das Kind

das darin liegt schläft unter einer Wolldecke

ein Kinderwagen wird vorbeigeschoben vor Hecken das Kind

das darin liegt schläft unter einer Wolldecke die

ein Kinderwagen wird vorbeigeschoben vor Hecken das Kind

das darin liegt schläft unter einer Wolldecke die es

ein Kinderwagen wird vorbeigeschoben vor Hecken das Kind

das darin liegt schläft unter einer Wolldecke die es zudeckt

4 Sekunden Pause

akzentuiert) und / dahinter / stehen / die / Tonnen / vor den / Hecken / mit den / Nudeln.

ALLEMAL / ROLLENWARE   1995

PERSONEN: Ekki, Ingrid, Karl, Philipp

Philipp   Laut und ständig sangen sie das Suppenlied / es war
weit weg noch zu hören / immer wieder sangen sie /
Suppe du bist ein Brausebad von 100 Grad /
Suppe im Maschinenraum das ist mein Traum /
Suppe du wässrig wohle / du gleitest mir bis zur Sohle /
Suppe du bist ein Trampelpfad /
Suppe du bist ein Dampfbad /
Suppe du bist in Tellern und in Tassen /
Suppe wo kann der neue Tennisplatz dich fassen /
ahnt er freilich / dadurch bitterbös / die innerliche Gewalt /

Karl   der Elektromotor summt in Holzfässern und Turnschuhen /

Ekki   ich bin hier in der Wüste / alles leer / schon vor
20 Jahren war das so / darum bin ich auch hierher /

Philipp   ja so ist das /

Ingrid   hörst du nicht das Rasseln der Motoren / da / dort drüben
sind Busse / die bringen schon lange täglich Zehntausende
von Touristen hier her in die Wüste und du sagst da immer
noch /

Ekki   da ist niemand darum bin ich hier /

Philipp   siehst du / jetzt Konkretion / die kongrenerste Kongretion /
höre /

Karl   der Elektromotor summt in Holzfässern und in Turnschuhen
als Teil des Tages im Einverständnis des Ablaufes als
kosmologischer Urstoff mit langen Haaren und Fingernägeln /

Ekki   darum bin ich hier / wo sind Touristen / ich sehe keine /
die gehen mich nichts an / ich schreibe auf Blechtafeln /
von den Motoren als Teil des Tages / nicht grob fahrlässig
mit vielen Filzhämmerchen /

<u>Chor</u>   oh Kraut / oh Kraut / voll Mut mit Wunden / taut Kraut /
mit Wunden voll Mut /

Ingrid   Kraut / was soll da noch das Rasseln der Motoren /
der Blechtafeln / die langen Haare / summende Elektro-
motoren in Turnschuhen und Holzfässern /

Philipp   Sommerreifen werden hart durch den die Sonne / scheint
die eine lang gezogene Straßenkurve / bald kommt es /

<u>Chor</u> *(flüstert)*   bleib stehen / vom Innerlichsten gepackt /

Karl   Düse feuerfing Kugelblitz drin /

Chor *(langsam, Kanon)*	mit ihnen allesamt / allesamt / mit allesamt / der alten / allesamt / mit einem der überhaupt / allesamt / den Karl den alten / allesamt / die Wiederentdeckung / allesamt beglückt / unvermutet / allesamt / die drei / allesamt / verbunden vom Dreißigjährigen Krieg / allesamt / eng verbunden / in der dritten Folge fortge- setzt gilt / gilt allemal / begriffen auf haben und haben / glücklicherweise / überhaupt vor allem / allem / allesamt / zur Entdeckerfreude / eben erhielt ich ein Schreiben / ja ein Schreiben / ja der Enkelschüler / vielfältige begehrte hochmotorische Feststellung eines Abschnittes als Pulver mit Dudelsack / Blasluft und Kartonagen /
Philipp	so schließt sich der Kreis /
Ekki, Karl *(singen)*	Bene / Bene / Bene / Bene / Bene / Bene / Bene / Bene / Bene / Bene / ...

EI   1995

PERSONEN: Ekki, Ingrid, Karl, Philipp

Karl imitiert eine Posaune.

Karl	Condor bitte melden / Knäckebrot bitte melden / Eldorado mit Salz / Martinshauser Straße / die Vereinigung / struser Portomanist / gültigster und strusester Portomanist / die heiße Kratze in Kratzenräumen /

Während des folgenden Textes spricht Philipp tut / tut / tut
... ein und Ekki besetzt / besetzt / besetzt / ...

Karl	Jetzt reden sie immer noch / furchtbar dieses Reden / 20 Minuten Telefon / ich werde wahnsinnig / wahnsinnig / das treibt mich in den Wahnsinn / ja Wahnsinn / das hält ja keiner aus was die da treiben /

tut / tut / tut / *und* besetzt / besetzt / besetzt / *hört auf.*

Karl	Tiger ohne Schokoladenseite mit ergriffenen Schritten deutlich eilend / eilend in den Haupthuhnländern / Frank- reich / Holland / Belgien und Deutschland / acht Millionen / Federn am Riegel / 300 Eier knabbern im Jahr der Pflichtung / die süße Unkenntnis / hängender Patent- muffel sofort anempfohlen /
Ingrid	vorsicht / das ist eine Ohrfeige für die Verantwortlichen /
Philipp	ein schwerer Fehler /
Ekki	I.K. aus der Schußlinie / 260 fallen jährlich ins Nest /
Karl	ich spüre es / das Ei es ist eine undurchsichtige Sache / der Prozeß im Braunstein / in Kaltgelb / grünlich / ein flanierender Klecks / die hohen Temperaturen im Juli und August haben ihn verantwortlich schmelzen lassen / Meerrettich / mag keiner bei dem es dir alles rausreißt / bin ich auch Food-Designer / ja / ja so ist das /
Ingrid	helft doch dem Vater auf das Fahrrad / das ist die / 385 Meter lange Sicherung / die Sicherung wird getragen von- Zwergen im Doppelschritt und Untergriff /

*Der folgende Text wird vom Chor mit versetzten Einzel-
stimmen vorgetragen:*

Chor (Karl

**Es wird hemmäterlich
es wird hemmäterlich
es wird hemmäterlich
es wird hemmäterlich**

Ekki *einfallend*

**jaaa ist schon gut / schon gut / gut / gut / gut /
jaaa ist schon gut / schon gut / gut / gut / gut /
Mayer / Mayer / Mayer / Mayer / Mayer / Mayer /
lich / lich / lich /
lich / lich / lich /
lich / lich / lich /
lich / lich / lich /
lich / lich / lich /
lich / lich / lich /**

Philipp *einfallend*

**Mayer / Mayer
Mayer / Mayer
Mayer / Mayer
Mayer / Mayer
Mayer / Mayer
Mayer / Mayer**

Ingrid *einfallend)*

**Mayer / Mayer
Mayer / Mayer
Mayer / Mayer
Mayer / Mayer / Mayer / Mayer / Mayer / Mayer
Mayer / Mayer / Mayer / Mayer / Mayer / Mayer**

WASTL STABLET DOOOL   1995

PERSONEN: Ingrid, Karl, Philipp

Karl

Zur Aufführung kommt das Sprechstück Wastl stablet doool.

3 Sekunden Pause.
Während des folgenden Monologs sagt Ingrid pausenlos
Das macht mich so nervös *und Philipp* Nur nicht hinschauen.

Karl

Wastl stablet doool /
doool wie er stablet und stablet /
mich macht das nervös /
aber Wastl / stablet doool /
der Wastl ja der Wastl /
ich kann da gar nicht hinschauen /
das macht mich nervös /
richtig nervös /
stablet doool / schwerhörig und nervös /
doool stablet Wastl /
nur nicht hinschauen /
schwerhörig und nervös /
doool / doool wie er stablet /
tapsig und nervös / wahrscheinlich auch noch schwerhörig /
raschlet doool /
aber mich / macht das nervös / so nervös /
schwerhörig noch nicht / hinhören geht / hinschauen nicht /
das macht nervös / das macht so nervös /
aber Wastl stablet doool /
der schon /
er raschlet doool /
schwerhörig hinschauen geht /
macht aber auch nervös / und zittrig /
ganz schwerhörig / zittrig / nervös und raschlet /
wahrscheinlich auch noch tapsig / und vielleicht auch
hungrig /
Wastl stablet doool / doool /
so selbstverständlich und hungrig /
Wastl stablet doool / und lacht dazu /
mich hat das schon ganz nervös gemacht /
besonders das raschlet / das ist das Schlimmste /
für mich im Moment / nicht das stablet das geht /
aber selbstverständlich hungrig arm und schwerhörig /
geistesabwesend / tapsig / wastlig / nervös / und wieder
nervös /
da kann ich gar nicht hinschauen / zittleg raschlet /
ist doool /
Wastl stablet doool / wie Staubsauger ein Chattlet /
hungrig /
dann Koteltt / schwerhörig wie Wastlett / nervös wie
stablet / Wastl wie raschlet / macht Brotzeit mit Stielett /
aber da kann ich nicht hinschauen / das macht mich /
so nervös /

	Wastl / stablet / toolet / Wastl / wastlt / doool / Wastl / wastlet / doool / toolet / arm und schwer / toolettraurig / trungrig / schwerhörig /
Philipp *(nach kurzer Pause)*	Wastl stablet doool / Keleppen kann man nicht abhalten / verfügbar stapeln / macht vorher nervös / mich so nervös / Nerven stapeln / doool / das ist eine anstrengende Reise / da knackt es so / das grimmt anstrengend / stablet / so im Grimm / bis zu den Keleppen und deren Haut / nervös / knackt / grimmt / stablet / keleppt / bis zur Haut / deren Nerven sind schon so nervös / mich macht die / Haut der Keleppen nervös / mit deren nervösen Nerven / mich auch / mich auch / mich auch / stablets doool ich bin / schon Wastl ein Fagott / alles klar beim Bremsen läufts vor / beim Stop zurück / ein Fagott /
Karl	spinnts nicht so rum / das bringt ja nichts /
Chor *(versetzt)*	das macht mich so nervös / das macht mich so nervös / das macht mich so nervös / ... nur nicht hinschauen / nur nicht hinschauen / nur nicht hinschauen / ...

TRANSINTERKONTINENTAL 1995

PERSONEN: Ekki, Ingrid, Karl, Philipp

1 Minute Musik: Harfe, Piano und Geige.

Philipp *(feierlich)*	Warmwasserhahn / jetzt kommen die Agenten und die Kommunalobligationen / das ist ein feines Leben / Hoffnung / geheim faszinierend / das Geheimnis ist namenlos / einwöchig in den Katakomben ohne Leinen / doch mit der Singvögelkolonie / Agenten schwarz gestrichen / in Umschau / faszinierende Gestalten bei Behörden / Vergangenheit / Gegenwart / Zukunft /
Ekki, Ingrid, Karl	ich wußte es ja / nein / ich wußte es / ja / ich wußte es ja / nein / ich wußte es / ja / ich wußte es ja / nein / ich wußte es / ja / ...
Karl	was stehen Sie so herum
Ekki	hören Sie Stimmen
Karl	ja / ich höre auch Stimmen
Ekki	nein / hören Sie Stimmen
Karl	hören Sie Stimmen
Ekki	ja / ich höre auch Stimmen
Karl	nein / hören Sie Stimmen
Ekki	hören Sie Stimmen
Karl	ja / ich höre Stimmen / jetzt hat mich der Discount erwischt / ja der Discount / wie die Orchideenbleiche / roh / ausgelaugt / wäßrig / im Schlauchboot auch noch die Zementfalle / und Preßluft im Armaturenblock / der Entwickler ist im Ölsumpf /
Ekki	ich denke an John Beidler / er ohne Plastiktüte / mit zwei Hunden in Lincoln City wo sich die Türe öffnete und sich die Werkzeugleiste änderte / es können nicht alle Typen gewan- delt werden es ist auch unsinnig
	Pause
Chor	macht nix / macht nix / macht nix / freili / freili / freili / gutt Kamerad / gutt / Kamerad / gutt / Kamerad / mogst / mogst / mogst /
	Pause

Ekki	Beidler beidelt mit seinem Feldanzeiger / Beidler beidelt in einem angrenzendem Feld / Beidler aktiviert / Beidler / bewegt sich / da kommen alle zusammen / beginnt das Sausen /
	Pause *Musik*
Chor	Mama bist Du in Afrika ...
Karl	nein ich bin in der Küche
Philipp *(sofort)*	hören Sie die Stimme / hören Sie die Stimme / hören Sie die Stimme /
Chor *(Kinderstimme)*	Mama bist du in der Küche / Mama bist du in der Küche ...
Karl *(Kinderstimme)*	nein ich bin in Afrika
Chor *(Kinderstimme)*	ui das ist ja weit weg / Papa die Mama ist in Afrika / ist es dort schön /
Karl *(Kinderstimme)*	ja gerade hat mich ein Löwe gefressen wie ein Schaf / warum interessiert euch das so /
Chor *(Kinderstimme)*	ist es da eng warm und dunkel / warm und dunkel / oh was machst du jetzt im Dunklen / Warmen / Engen /
Karl	nichts
Chor	das ist ja langweilig
Karl	das Training ist täglich / jeder ist sein schärfster Kritiker / Runde um Runde / zwei Jahre schon / steht der Tiegel dort / der Martin hat das schon vor fünf Jahren gesagt / das klingt nach der Welt / weltharmonisch zerrissen / wie ein Zementsack
Chor *(genüßlich, ca. 1 Minute)*	der Lärm / der Lärm / der Lärm / der Lärm / der Lärm / vorrücken / vorrücken / vorrücken / vorrücken / haltet die Leitung / haltet die Leitung / ...
Philipp	aber nur wenn / wenn ist / aber nur wenn / wenn ist / aber nur wenn / wenn ist / aber nur wenn / wenn ist / aber nur wenn / wenn ist / ...

PRESSLUFT IM ARMATURENBLOCK   1995

PERSONEN: Ekki, Ingrid, Karl

Karl	Kraß roh derb und unverfroren ba ba ba ba roh / roh / roh / roh /
Ekki	Preßluft im Armaturenblock
Karl	kraß und ohne Feinsinn penetrant roh überzogen abrupt ohne Feinsinn derb und spontan Preßluft im Armaturenblock in schneller Bewegung keine Bewegung lautlos lauter Menschen halt lautlos / halt lautlos keine Bewegung / halt Menschen lautlos keine Bewegung / ba / ba / ba / ba / abrupt ohne Feinsinn / ba / ba / ba / dreht sich roh und unverfroren in impertinenter Veränderung ba / ba / ba / ba / Verdrehung schmal unverfroren / graut / faltet / Diät und ba / ba / ba / ba /
Ekki *(gleichzeitig)*	keine Bewegung keine lautlose Bewegung / keine lautlose Bewegung / keine lautlose Preßluft /
Ingrid *(gleichzeitig)*	weiter gehts / ja / ja / weiter gehts /
Ekki	immer dieses ba / ba / ba / ba / bla / bla /
Karl	babt immer / wo es nur kann / ba / ba / ba / ba / Druckluft im Armaturenblock das ist nicht lustig
(resignierend)	nein das ist nicht lustig
Ingrid *(gleichzeitig)*	ich hab es nicht gefunden
Chor *(monumental)*	ba / ba / ba / ba /
Karl	Preßluft im Armaturenblock aber nur das ist aber / was kannst du da machen / Regulatoren / nein / so gehts rein in Luft / keine Regulatoren / die gehören nicht her /
(langsam)	sonst Rohluft und was das heißt ja was das heißt / Rohluft in Preßluft / am Ende / Druckluft /
Chor	ba / ba / ba / ba /
Ekki	es erscheint die Stadt /
Karl	die Welt zeichnet die berühmten Züge / die Stadt das sind die Zauberkünste / ba / ba / ba / ba /

Ekki, Karl

so soll ein Kind den Keller verlassen /
kraß roh derb und unerfahren /
ba / ba / ba / ba /
das ist zwischen gebrochen und verlassen bezeichnender-
weise vor allem die Gefühle gesteuert wie ein tiefgefrorenes
Saurierembryo /
ba / ba / ba / ba /
Pirmasens die Schuhstadt / Verwandlung / roh / kraß /
derb / feinsinnig / abrupt feinsinnig / derb graut klappt /
konspirative Dehnung das Verlangen /
bla / bla / bla / bla /

SO SOLL EIN SPRECHSTÜCK ERKLINGEN

1995

PERSONEN: Ekki, Hans (Keyboard), Ingrid, Karl

Musik: Melodie "Lenzuolo".
Nach ca. 1 Minute setzt der Chor ein.

Chor *(singt)*

Lenzuolo Pastorella
Dene Wene Gane Pane / Wene Bene Balle Do
Vine Gane Bune Bane Cola Sola Elle Bola

Ingrid, Karl *(flüstern)*

es ist soweit / es ist soweit /
Nudeln in Strümpfen sind nicht zu empfehlen weder regional
noch interkontinental / täglich werden wir weiterhin Erbsen
zusammentragen die den Totalausverkauf auslösen /
die Übriggebliebenen werden wir einschmelzen mit um-
hüllendem Rauch / die Probleme der Anlieferung und Abholung sind dann nur noch / die Nudeln

Pause

Karl

kraß / roh / derb / und / unverfroren /

Ingrid *(lang)*

ba / ba / ba / ba / ba / ba / ba / ba /

Karl *(lang)*

roh / roh / roh / roh /

Ekki

Preßluft im Armaturenblock /
ba / ba / ba / ba / ba / ba /

Karl

kraß ohne Feinsinn / penetrant / roh / überzogen / abrupt
/ ohne Feinsinn / derb und spontan /

Ekki, Karl

Preßluft im Armaturenblock in schneller Bewegung keine
Bewegung / lautlos lauter Menschen keine lautlose
Bewegung halt /

Ingrid *(eingeblendet)*

und weiter gehts

Ekki, Karl

lautlos keine Bewegung keine lautlose Bewegung halt
Menschen lautlos / keine Bewegung keine lautlose
Bewegung keine lautlose Preßluft
ba / ba / ba / ba / ba / ba /
abrupt ohne Feinsinn /
dreht sich roh und unverfroren in impertinenter Veränderung /
ba / ba / ba / ba / ba / ba / ba /
roh / roh / roh / roh / roh / roh /
Verdrehung schmal unverfroren / graut / faltet / graut
graut / Diät und Honig in Brühe / Gurke in Lauge /
ba / ba / ba / ba / ba / ba / ba / ba / ba / ba /

Musik

Ekki

immer dieses ba / ba / ba / ba / ba / bla / bla / ...

Karl	ba / ba / ba / ba / ba / bla / bla / bla / babt immer wo es nur kann /
Chor	ba / ba / ba / ba / ba / bla / bla / bla /
Karl	Druckluft im Armaturenblock das ist nicht lustig / nein das ist nicht lustig
Chor	ba / ba / ba / bla / bla / bla /
Karl	Preßluft im Armaturenblock / aber nur / das ist aber / was kannst du da machen / Regulatoren / nein / so gehts / rein in die Luft / keine Regulatoren / die gehören nicht her / sonst Rohluft / und was das heißt / ja was das heißt / heißt Rohluft in Preßluft ist Druckluft / vergessen ist verlassen einsam im Strudel des Tumults
Chor	ba / ba / ba / bla / bla / bla /
Ekki	es erscheint die Stadt / die Welt zeichnet die berühmten Züge / die Stadt das sind die Zauberkünste / das ist eine Backmischung / wie in ihrer Jugend / eine Herrin im Tigerfell / schreitet die Stadt innerhalb / außerhalb / immerhalb
Chor	Quak Quak Quak Quak Quak
	kraß roh derb und unerfahren / das ist zwischen / gebrochen und verlassen / bezeichnenderweise vor allem / die Gefühle / gesteuert wie ein tiefgefrorenes
Ingrid	Saurierembryo / und weiter so
	Während des folgenden Texts sprechen Ekki und Karl immer wieder so soll ein Kind den Keller verlassen *ein:*
Chor	Pirmasens die Schuhstadt / Verwandlung / Tennis / roh / kraß / derb / feinsinnig / abrupt feinsinnig / derb grau graut klappt / konspirative Dehnung das Verlangen / verlassen einsam und bewegungslos / schwarz und angebrannt / fälschlich reduziert und eindeutig / relevant gezeichnet blühend / wie sauerländische Wurst / gekocht / und gefroren / reumütig gelassen und lebendig / gewaschen kostbar und erlesen / aufmerksam ausgepreßt und eigenständig / laut lärmend ungehobelt und griesgrämig / Irritation vermittelnd geschmuggelt und tiefgefroren / feucht / voll / und unbrauchbar / ungar zerfressen und lautlos / als Happy End eindeutig und glücklich / lebhaft langsam ausdrucksvoll ruhig und gleichmäßig / fließend sehr rasch ruhig heiter bewegt / rasch so soll ein Kind den Keller verlassen so soll der Keller das Kind verlassen / verlassener Keller / verlassenes Kind / rasch auch verlassen / verlassen lassen / lassen ruhig heiter das Verlassen der Autobahn zu Sonderöffnungszeiten / eine

Sozialordnung kanonisch /
stolz selbstbewußt und kommunikativ / als Fahrkarte für das
Leben / mit Joghurt temperiert / und vor allem ungerührt /
Pirmasens die Schuhstadt / Verwandlung / roh / kraß /
derb / feinsinnig / abrupt feinsinnig / derb grau klappt /
konspirative Dehnung das Verlangen /
so soll ein Kind den Keller verlassen / so soll ein Kind den
Keller verlassen.

SAXA LOQUUNTUR   1996

PERSONEN: Ekki, Ingrid, Karl, Philipp

Karl	Saxa loquuntur
Ekki	tagende Hebammen / es sieht gefährlich aus / die Deutschen stammen fast zur Hälfte von Karl dem Großen ab / das Echo hat überlebt / obwohl es völlig untätig gewesen sei / sagen alle
Ingrid	Kinder / ein großer Schlüssel / er ist und heißt backen / Kinder / Diavorträge / Rassehunde / Rassekatzenbabys / Welpen / Stuten / 560 Adressen / nur anklingeln es öffnet sich
Karl	Orgelherbst Orgelsommer Orgelwinter Orgelfrühling
Philipp	Ahorn / Buche / Eiche / Fichte / Kiefer / Orgelahorn / Orgelkiefer / Orgelfichte / Orgeleiche / Orgelbuche / Welpenfichte / Welpenahorn / Welpenbuche / Welpenkiefer / Welpeneiche / Katzenahorn / Katzeneiche / Katzenfichte / Katzenkiefer / Katzenbuche / Fohlenfichte / Fohlenbuche / Fohlenahorn / Fohlenkiefer / Fohleneiche / Orgelfohlensommereiche / Orgelfohlensommerfichte / Orgelfohlensommerahorn / Orgelfohlensommerkiefer / Orgelfohlensommerbuche / Katzenorgelbuchenfrühling / Katzenorgelahornfrühling / Katzenorgeleichenfrühling / Katzenorgelkiefernfrühling / Katzenorgelfichtenfrühling / Rassehundeorgelahornfrühling / Rassehundeorgelbuchenfrühling / Rassehundeorgeleichenfrühling / Rassehundeorgelkiefernfrühling / Rassehundeorgelfichtenfrühling / Regale aus Katzenhundeeiche / Katzenhundebuche / Katzenhundeahorn / Katzenhundekiefer / Katzenhundefichte / Regale im Orgelsommer alle präzise mit Fohlenfichtelabrador / Fohlenbuchelabrador / Fohleneichelabrador / Fohlenkieferlabrador / Fohlenahornlabrador /

Während Philipps Monolog setzen die anderen mit folgendem Text ein:

Ekki, Ingrid, Karl *(versetzt)*	Bitteschön / treten Sie ein / hier ist niemand / Schrei / Fenster offen / jetzt / Schrei / in Weite / Schrei in Weite erschrickt / erschrickter Schrei wühlt / wühlt Schrei grundsätzlich strahlend / entspricht er dem Licht / ist er materialgerecht / oder ungeschickt / Schrei in Weite / Schrei in höchster Schärfe / der erschrickte Schrei / Fenster offen / dann / drumherum Schrei / Fenster offen / Schrei sucht / Schrei wegen des offenen Fensters in Weite / er erschrickt / ist es Nacht erschrickt er mehr / tiefer Atem / 2 Uhr früh /

so schaut das aus / das hat die Spannung aufgewühlt /
Fenster offen / stimmungsvernichtender Schrei in Weite /
gläserne Schärfe / bis zur Horizontlinie / Bitteschön /
Fenster offen / Schrei in Nacht / präsentiert sich dampfend
heftig / Leitschrei / als Rhythmus nachts

Karl

herausgelöst aus den Unbilden der Alltagsrealität / kurz und
verwahrlost / die Erbin heftig / erfüllt / ja überfüllt / es
klingt wild und grimmig / wie geistige und sittliche Kräfte

Chor

Bitteschön / treten Sie ein / hier ist niemand / Schrei /
Fenster offen / jetzt Schrei in Weite / Schrei in Weite er-
schrickt / erschrickter Schrei wühlt.

VIREN UND BAKTERIEN IM BAYERISCHEN OBERLAND 1996

PERSONEN: Karl, Philipp

Karl	Sie ging vom Tisch weg und nahm das Tuch / weg von der Anrichte / legte das geholte Tuch vor sich auf den Tisch und schaute / das Tuch von der Anrichte lag vor ihr auf dem Tisch / hinter ihrem Rücken war die Anrichte / links von ihr am oberen Tischende saß das zuckerbackende Vogelwerk die Endlosschleife in Augenweideentfernug und las Zeitung die Information die über den Tag hinaus war
Chor	Grau 423 / Grau 423 / Grau 423 / Grau 423 / Grau 423 / Grau 423 / Grau 423 / Grau 423 / ...
	Der Chor pfeift.
Philipp *(während Karl weiter pfeift)*	Das zuckerbackende Vogelwerk das zuckerbackende Vogelwerk das zuckerbackende Vogelwerk in Endlosschleife in Augenweideentfernung / die eigentlichen Remmidemmikanonen / Leo kompetent und fair
Karl	Elefanten
Chor	Grau 423 / Grau 423 / Grau 423 / ...
Philipp	verfädet
Karl	Gelenkgroßraumwagenfreunde / Gelenkgroßraumwagenfreunde
Philipp	Verschwörung / Verschwörung / Verschwörung / ... Betten und Rolltreppen am Stachus /
Karl *(singt)*	Lenzuolo Pastorella Dene Wene Gane Pane / Wene Bene Balle Do Vine Gane Bune Bane Cola Sola Elle Bola
Philipp	Viren und Bakterien im bayerischen Oberland im Landkreis Weilheim ging die Bevölkerung mit Äxten gegen sie vor / der Landkreis Weilheim gehört seitdem zu den Weltwüstengebieten / wir müssen diesen Landkreis leider ihnen zuordnen / zuordnen läßt sich dort nichts mehr es ist alles kleinstgeschlagen / die 2,8 Millionen Bewohner leiden in Zelten lebend Mangel / deshalb unsere Warnung lassen Sie die Viren und Bakterien nicht auftauchen auch nicht in so harmloser Form wie in Stachelberen oder Camembert / bauen sie vor ummanteln sie jegliche Nahrung die Sie vor dem Verzehr abdämpfen / dann Ende /
Karl	dann keine Viren und Bakterien mehr / deshalb keine Zerhackung / über das Lostreten von Großstaub werden wir Sie gesondert informieren / zur Zeit entwickeln wir die Möglichkeit des Umglühens / diese Methode weist in die Zukunft

Philipp	in 24 Stunden weiß ich es / das zuckerbackende Vogelwerk die Endlosschleife in Augen- weideentfernung
Karl	die eigentlichen beim Essen Elefanten verfädet bis zum Haus hinaus / Tafelobst verfädet in der Glasschale mit ihr /
Philipp	nylonverfädetes Tafelobst mit ihr /
Karl	als Fakt von Klarheit / in Einkaufstasche / mit Inhalt als Flaschen / für jeden Stuhl und jede Ledertasche /
Philipp	verfängte Ledersohle am Stachus /
Karl	Vorsicht bei Rolltreppen sonst verfängter Passagier / die Flaschen gehen kaputt der Inhalt verfängt sich irgendwo mit erhöhter öffentlicher Wirksamkeit /
Philipp	täuscht und verfängt /
Karl	verblüffend verfängt und verfädet
Philipp	im Alfalfadschungel verfängt sich eine Hummel im Alfalfadschungel kämpft eine verfängte Hummel im Alfalfadschungel ist eine Hummel
Karl	die Riesen sehen die Elefanten gelassen / das ewige Augen- merk / wenden und deuten / verschwörerische Verab- redung zu schäbigen Handlungen und Verschwörungen / die Augenmerke wurden deutlich / eine gelassene Elefantenehe / verschwörerisch dann als Riesenelefantenehe die Augen- merke schäbig / wenn sie deuten auf schäbige Handlungen / schäbige Handlungen sind gelassen bei einer Verschwörung / einer Verschwörung Handlung sind Vereinigung mit Augen- merk durch Verabredung / Abwicklung innerhalb von 24 Stunden / die Umwandlung wird weiterhin Folgen haben / die bisher Kleinsten geraten ins Blickfeld / denn wo wir uns treffen / wir alle / alles wissend / erzählen bildet unendlich / verblüfft uns das Vorkommen / eigentlich stimmt alles / er soll auf Konten gehortet haben / auf Konten
Chor	da sag ich nur Grau 427 da sag ich nur Grau 427 da sag ich nur Grau 427 ...
Karl	die Riesen sehen die Elefantenehe gelassen / das Augen- merk / unser / ist natürlich wenden und deuten / die Riesen meta / die Elefantenehe ästhetisch / des Spektrums Ganzes / wurde Ganzes / verschwörerische Riesen- elefantenehe bei aller individuellen Verschiedenheit / verschwörerische Verabredung zu schäbigen Handlungen und Verschwörungen / sie kommen / das öffnet die Phantasie.

SEGLER UM KAP HORN   1996

PERSONEN: Hans (Keyboard), Ingrid, Karl, Philipp

Philipp	Segler um Kap Horn
Karl *(laut)*	das Recksegel hissen
Ingrid *(leiser)*	das Recksegel hissen
Philipp *(ganz leise)*	das Recksegel hissen
Karl	Segler um Kap Horn auf der Flucht / mit Nudeln / mit 400 Kg schottischer Gefrierware / mit Lungenentzündung /
Philipp	Segler um Kap Horn / mit gehißtem Recksegel
Karl *(laut)*	das Bugsegel hissen / das Bugsegel hissen
Ingrid *(leiser)*	das Bugsegel hissen / das Bugsegel hissen
Philipp *(ganz leise*	das Bugsegel hissen
	Pause
laut)	Nudeln / 400 Kg schottische Gefrierware
Karl	Bug- und Hecksegel gehißt / Segler um Kap Horn auf der Flucht / mit eilig zusammengepackten Koffern / Segler auf der Flucht / um Kap Horn
Philipp	auf der Flucht wurden die Nudeln gleich zweimal gefaßt / dabei verloren sie ihren PKW / der bei Deggendorf sichergestellt gesehen wurde /
Ingrid	Segler um Kap Horn / auf der Flucht / Nudeln mit Schrecken / 400 Kg schottische Gefrierware / Segler um Kap Horn / auf der Flucht
Karl	ein wichtiger Faktor ist das Recksegel / auch Sonnenschutz für die schottische Gefrierware / Segler um Kap Horn / auf der Flucht / mit 400 Kg schottischer Gefrierware / der Wind als fragwüriger Schlüssel / das Bugsegel einholen
Ingrid	10.000 frierende Nudeln / im / Segler um Kap Horn / auf der Flucht mit nur 400 Kg schottischer Gefrierware
Philipp	lungenentzündete Nudeln unter dem Recksegel in Mänteln /
	Pause
Karl	ein treuer Vasall leistet seinen Tribut

Chor *(ausgedehnt)*	in toto
Karl	verbraten
Chor *(ausgedehnt)*	in toto
Karl	da guter Rat Mangelware
Chor *(ausgedehnt)*	in toto / in toto
Karl	war
	Pause
	Segler um Kap Horn / Hochseesegler auf der Flucht ereicht sein bisher höchstes
Chor	Niveau / Niveau / ...
Karl	nördlich des Larsen-Schelfeises / auf höchstem Niveau / auf höchstem Niveau / auf höchstem Niveau / auf höchstem Niveau / ohne super- systematischen Standpunkt / Segler ohne Anomalie / auf höchstem Niveau / auf höchstem Niveau / auf höchstem Niveau / auf höchstem Niveau nicht zurückgebrochen /
Philipp	die kritische Dichte / alle Kinder Damen und Herren / alle Kinder Damen und Herren /
Karl *(mit Singstimme)*	Kinder Damen und Herren einer solchen Ansammlung / in solch / entlegenen Gegenden / Gegenden / schauen hinter die Kulissen wie Mikrosateliten / 180 cm hohe Kammern der Makroporen haben Mikrokavitäten / Makro- aktivitäten / dramatische Umwälzungen / Inszenierungen im Licht / im Licht / trotz schwerer Vorwürfe
Chor	in toto / in toto
Karl	der Kummer setzt ein / auf höchstem
Chor	Niveau
Karl	auf höchstem
Chor	Niveau
Karl	als exklusiver Verdacht die Lottozahlen verurteilt zu haben und das jahrelang
	Pause
Philipp	Kummer setzt ein / Esslinger / ermittelt die Justitz / nein das sollte nicht das einzige sein / das paßt doch nicht so ganz / obwohl / obwohl / lieber

Chor	Esslinger
Philipp	so ohne / so ohne / wird er es durchstehen / Frage / ein Abendthema /
Chor *(langsam und deutlich)*	Esslinger Esslinger Esslinger / alles läuft mit Jod / Flour und HNO / HNO / Mikrokavitäten Makroansammlungen / nördlich des Schelfeises bei bedrohten Pinguinen / Makroporen durch Mikrosateliten / nördlich des Schelfeises bei bedrohten Pinguinen / Makroporen durch Mikrosateliten / im Licht wie in Finsternis / Segler um Kap Horn / mit 400 Kg schottischer Gefrierware und Nudeln / auf der Flucht / bei Eisbergen / in Sonne und Finsternis / mit Abfall und Taubenplage / mit kühnen und weitschweifenden Segeln / in Sterilität und messerscharfen Konturen
Karl, Philipp	da / die / Piratin singt im Chor mit dem schwarzen Hund /
Ingrid	die Kleinwüchsigkeit des Menschen wäre besser als sein Riesenwuchs
Philipp	verstörte Pinguine mit nicht sehr ordentlichem Lebenswandel sehr interessant aber nicht nachahmbar / Segler um Kap Horn / Heck- und Bugsegel gehißt
Karl	Nudeln weinen / Segler um Kap Horn / auf der Flucht mit 400 Kg schottischer Gefrierware / reisende Nudeln murmeln / fast betend / brutto / tara / netto / brutto / tara / netto / brutto / tara / netto / Klippen in Sicht / Segler um Kap Horn auf der Flucht / fährt vorbei / die Masten knarren / Wind weht /
Ingrid	Showmaster / Patrick / singt unter dem / Bugsegel / ein schweres / Kummerlied
Karl	Schwermut Melancholie setzen ein / gleichzeitig / automatisch 5 Jahre verlängert als 1. Programm / Fehler / Rekonvaleszenz im In- und Ausland / 400 Kg schottische Gefrierware viele viele Hammerschlag Finishs / Hochseesegler begegnet einer persönlichen Haltung / die überblickt / bemerkt / determiniert in Handlungssträngen / stets ermahnt / Scheubrüche im Phänomen / wie der Ampel der Brathähnchen aus dem Repertoire an die Schüler der 42 jährigen Piloten
Philipp	das alles vor Grund und solistischem Aussparen / verschlungen mit Körpern und Gedanken / die sich beschenken / aus der Fundgrube / ein / Geburtstag / war der / Freude / äußerlicher Anlaß / zu vergegenwärtigen / was / Festspiele / sind.
Chor *(nicht zu kurz)*	*imitiert Trompetenton*

HARMS   1996

PERSONEN: Ekki, Ingrid, Karl

Ingrid	Sollten einige ganz oder teilweise unwirksam oder nichtig sein oder werden, so bleibt die Wirksamkeit der übrigen davon unberührt. Die Beteiligten verpflichten sich, anstelle einer unwirksamen eine neue zu vereinbaren, die den mit der unwirksamen oder nichtigen Sinn und Zweck in zulässiger Weise sicherstellt.

Während der folgenden Texte sagen alle Personen wahllos öhm, chrumb und anyway.

Chor	Sumi omo komanaka nuri / kawasaky hamanaka sumi / sumitomo nuri yamiuri / sumi komonaka nuri oni / hamasuri yomi / Yashuhiro / minagawa / yama ichi / takanobo / murakami / Nintendo /
Karl	Speiseöl
Chor	sumo komanaka / öhm / chrumb / anyway
Karl	Antidröhnplatte geräuschlos verfahrbar horizontal vertikal
Chor	hawasaki hamanada sajonara / nuri yamiuri miso oni
Karl	Fassadenfreischwinger / wir machen gerade eine Obstschale / mögen Sie keine Bananen / Bananen ich war etwas ungehalten / ich lasse sie liegen und wenn sie auch braun sind esse ich sie noch / das macht mir gar nichts aus / aber die auf meinem Zimmer war weg / da müßte man nachfragen wer das war /
Chor	anyway / Sumi omo komanaka nuri / kawasaky hamanaka sumi / sumitomo nuri yamiuri / sumi komonaka nuri oni / hamasuri yomi / chrumb / öhm ...
Karl	Speiseöl / Speiseöl ...
Chor	sumo komanaka / chrumb / öhm ...
Karl	geräuschlos verfahrbar / Antidröhnplatte / horizontal vertikal
Chor	hawasaki hamanada sajonara / nuri / yamiuri / miso oni /
Karl	Fassadenfreischwinger / Fassadenfreischwinger / ...
Ekki	*Die Verluste des Handelsgiganten Sumitomo Corp. aus Kupferspekulationen sind höher als zugegeben. Aus der Bilanzprognose 1996/97 geht hervor, daß mindestens 2,6*

Milliarden Dollar abgeschrieben werden. Ein Sprecher ver-
sicherte, jetzt sind alle ungesicherten Kupferpositionen auf-
gelöst.

Chor   Öhm / chrumb / sumi omo komanaka nuri / kawasaky
hamanaka sumi / sumitomo nuri yamiuri / sumi komonaka
nuri oni / hamasuri yomi / hawasaki hamanada sajonara /
nuri yamiuri miso oni / ...

Ekki   *Bisher fühlte sich der Zocker in seinem japanischen Versteck*
einigermaßen sicher und kündigte sogar frech an, er werde
von sich aus in naher Zukunft die ganze Story erzählen.

Chor   Sumi omo komanaka nuri / kawasaky hamanaka sumi /
sumitomo nuri yamiuri / sumi komonaka nuri oni / hamasuri
yomi / sumo komanaka / hawasaki hamanada sajonara /
nuri yamiuri miso oni /
chrumb /

(lang gehalten,   öhm / öhm / öhm / ...
schnell)

Ekkeland Götze, Daniel Koyo Schrade,
Karl Imhof, nach der Aufführung des
Sprechstückes "Eingebogen" 1994.

VERZEICHNIS DER URAUFFÜHRUNGEN

4 STIMMEN MIT KRÜCKEN
URAUFFÜHRUNG: 20.10.1989, Kunsthalle Zellingen
DARSTELLER: Ekkeland Götze, Rupert Hagn, Ingrid Imhof, Karl Imhof, Regine
Kugler-Hagn
VIDEO: John Scroby

EINWEGGEBINDE
UA: 17.3.1990, Produzentengalerie, Frankfurt a. Main
DA: Ekkeland Götze, Rupert Hagn, Ingrid Imhof, Karl Imhof, Philipp Imhof, Regine
Kugler-Hagn
V: John Scroby

IMPULSREVUE 7
UA: 8.8.1990, Stadttheater, Neuburg a.d. Donau
DA: Rupert Hagn, Ingrid Imhof, Karl Imhof, Philipp Imhof, Regine Kugler-Hagn
V: John Scroby

IM EKKELAND
UA: 1.4.1991, bei Ekkeland Götze, München
DA: Ekkeland Götze, Karl Imhof

EGO - SATZ
UA: 20.6.1991, Kreittmayrstraße 13, München
DA: Ekkeland Götze, Karl Imhof, Philipp Imhof

HIEBE DUMPF DA REGAL KAPUTT
UA: 1.12.1991, Loft, München
DA: Ekkeland Götze, Ingrid Imhof, Karl Imhof

TRANSMUTATION
UA: 13.12.1991, Institut für Bagonalistik, München
DA: Ekkeland Götze, Karl Imhof

SOZIAL
UA: 1.4.1992, bei Ekkeland Götze, München
DA: Ekkeland Götze, Karl Imhof, Philipp Imhof

DAS ARME OBST IM KÜHLSCHRANK
UA: 29.6.1992, Ateliergemeinschaft Watzmannstraße, München
DA: Karl Imhof, Philipp Imhof

ZOLLAMT IN PAKISTAN
UA: 8.11.1992, HAI - Haidhauser Bürgersaal, München
DA: Ekkeland Götze, Ingrid Imhof, Karl Imhof

DÄNISCHE HOCHSEEFISCHERAKTION BELGISCHE IM REIBUNGSLOSEN STRASSENVERKEHR
UA: 13.11.1992, Institut für Bagonalistik, München
DA: Ekkeland Götze, Karl Imhof

DRÜCKEN SIE DEN ARM / ALARM
UA: 1.4.1993, Werk 19, München
DA: Ekkeland Götze, Ingrid Imhof, Karl Imhof

WUNDERSAM WUNDERSAM WUNDERSAM TEIL 3
UA: 16.7.1993, Kulturwerkstatt Haus 10, Fürstenfeldbruck
DA: Ekkeland Götze, Ingrid Imhof, Karl Imhof

FÜHRER DURCH DIE NACHT
UA: 2.9.1993, Asam-Saal, Freising
DA: Karl Imhof, Philipp Imhof, Hans Olofson

IM GESANG DER WELTEN
UA: 4.12.1993, Werk 19, München
DA: Ekkeland Götze, Ingrid Imhof, Karl Imhof

DER ALLERMEISTE
UA: 18.2.1994, Ladengalerie - Lothringerstraße 13, München
DA: Ekkeland Götze, Ingrid Imhof, Karl Imhof, Philipp Imhof, Matthias Mücke,
    Annette Seidl

STANNIOL
UA: 6.5.1994, Praxis Dr. Gavalas / Kehres, München
DA: Johann-Ludwig Gildein, Ekkeland Götze, Karl Imhof

COLORES - DOLORES
UA: 27.5.1994, Nimbach Ingenieure, München
DA: Ekkeland Götze, Karl Imhof, Daniel Schrade

ICH KOMPOSTIERE ELEKTRISCH
UA: 28.6.1994, Pasinger Fabrik, München
DA: Ekkeland Götze, Ingrid Imhof, Karl Imhof, Philipp Imhof, Hans Olofson,
    Annette Seidl

VENTIL VENTIL
UA: 5.7.1994, Galerie 87° West, München
DA: Ekkeland Götze, Ingrid Imhof, Karl Imhof

TRISTRANT
UA: 26.7.1994, Galerie 87° West, München
DA: Ingrid Imhof, Karl Imhof

DECKWEISS - MISCHWEISS
UA: 17.9.1994, Galerie im Woferlhof, Kötzting-Wettzell
DA: Ingrid Imhof, Karl Imhof, Lynn Wilson

GITARIERENDE GITARREN
UA: 7.10.1994, Nimbach Ingenieure, München
DA: Ekkeland Götze, Ingrid Imhof, Karl Imhof, Daniel Schrade

EINGEBOGEN
UA: 25.11.1994, Werk 19, München
DA: Ekkeland Götze, Ingrid Imhof, Karl Imhof, Daniel Schrade

EREIGNISHAFTE VERMEHRUNG
UA: 3.12.1994, Nimbach Ingenieure, München
DA: Ingrid Imhof, Karl Imhof

ALLEMAL / ROLLENWARE
UA: 20.1.1995, Nimbach Ingenieure, München
DA: Ekkeland Götze, Ingrid Imhof, Karl Imhof, Philipp Imhof

EI
UA: 11.2.1995, Spectaculum Mundi, München
DA: Ekkeland Götze, Ingrid Imhof, Karl Imhof, Philipp Imhof

WASTL STABLET DOOOL
UA: 27.4.1995, Nimbach Ingenieure, München
DA: Ingrid Imhof, Karl Imhof, Philipp Imhof

TRANSINTERKONTINENTAL
UA: 7.10.1995, Nimbach Ingenieure, München
DA: Ekkeland Götze, Ingrid Imhof, Karl Imhof, Philipp Imhof

PRESSLUFT IM ARMATURENBLOCK
UA: 28.10.1995, bei Ekkeland Götze, München
DA: Ekkeland Götze, Ingrid Imhof, Karl Imhof

SO SOLL EIN SPRECHSTÜCK ERKLINGEN
UA: 1.12.1995, Kulturwerkstatt Haus 10, Fürstenfeldbruck
DA: Ekkeland Götze, Ingrid Imhof, Karl Imhof, Hans Olofson

SAXA LOQUUNTUR
UA: 2.2.1996, Gasthof Zum Kloster, München
DA: Ekkeland Götze, Ingrid Imhof, Karl Imhof, Philipp Imhof

VIREN UND BAKTERIEN IM BAYERISCHEN OBERLAND
UA: 14.3.1996, Nimbach Ingenieure, München
DA: Karl Imhof, Philipp Imhof

SEGLER UM KAP HORN
UA: 10.5.1996, Rathaus Planegg
DA: Ingrid Imhof, Karl Imhof, Philipp Imhof, Hans Olofson

HARMS
UA: 27.9.1996, Ateliergemeinschaft Türkenstraße 78, München
DA: Ekkeland Götze, Ingrid Imhof, Karl Imhof